はじめに

◎水中は宇宙に似ている？

　水の中は、わたしたちがふだんくらしている陸上とは、ちがう点がたくさんあります。水は少し冷たいし、ゆらゆらして足元が不安定です。それに、水中では呼吸ができませんね。最初は、そのちがいにとまどうかもしれません。
　では、自分が宇宙飛行士になって宇宙に行ったと考えてみたらどうでしょう。水中の、呼吸ができない点やふわふわと浮く感覚は、宇宙に似ています。宇宙飛行士が宇宙で宙返りをしたり、手でちょっとかくだけで前に進んだりする体験が、わたしたちも水中でならできるのです。なんだかわくわくしてきませんか。

◎自分のペースで水と仲よくなろう

　それでも、「いきなり水中で宙返りをするなんて、むずかしいよ」と思う人もいるでしょう。たしかに、すぐに宙返りはできないかもしれません。しかし、少しずつ練習をしていけば、必ずできるようになります。宇宙飛行士だって、いきなり宇宙には行けません。たくさん訓練を受けてから、宇宙に行くのです。みなさんも水の中でいろいろと練習をして、少しずつ水になれていけばよいのです。
　水泳の練習をするときの目標は人それぞれでかまいません。水泳の授業の前に、必ずその時間の、自分なりの練習目標を立てましょう。「顔を水につけられるようにがんばる」「ダルマ浮きで5秒間浮けるようになる」「クロールができるようになる」など、人によっていろいろな目標を立てることができると思います。
　この本では、そういった一人一人の目標を達成するために、水になれる方法か

　ら、小学校で教わるクロール、平泳ぎまでを、写真を使ってわかりやすく紹介しています。この本を初めから読んで、練習を続けていけば、水泳が苦手な人でもクロールや平泳ぎが泳げるようになるはずです。陸上での練習方法ものっているので、家で練習することもできます。
　水泳がうまくなるためのいちばんのコツは、水と仲よくなることです。この本では泳ぎ方だけでなく、水の楽しみ方もいろいろと紹介しています。本を読みながら、自分のペースで練習をして、水と仲よくなりましょう。「もぐれるようになった！」「5メートル進めた！」「平泳ぎができた！」のようなたくさんの「できた」という体験によって、楽しく泳げるようになるはずです。

スポーツクラブNAS株式会社
スポーツ健康医科学研究室
後藤　真二

水泳のコツ大研究 もくじ

はじめに ……………………………………………… 2
この本の使い方 ……………………………………… 6

第1章　水になれる

- プールに入る前に ………………………………… 8
- 水に入って動く …………………………………… 10
- 水中で呼吸をする ………………………………… 12
  - 水と仲よしになろう …………………………… 15
- 水に浮く …………………………………………… 16
- 水の中にもぐって遊ぶ …………………………… 18
  - プールのひみつを見てみよう ………………… 20

第2章　水中を進む

- けのびや背浮きで進む …………………………… 22
- ばた足をする ……………………………………… 24
- いろいろな足の動きで進む ……………………… 26
  - 浮くのを助けてくれるビート板 ……………… 28

第3章　クロール

- クロールの足の使い方　……………………………… 30
- クロールの腕の使い方　……………………………… 32
- ばた足と腕の動きを合わせて進む　………………… 36
- クロールの息継ぎ　…………………………………… 38
- クロールで進む　……………………………………… 42

第4章　平泳ぎ

- 平泳ぎの足の使い方　………………………………… 46
- 平泳ぎの腕と息継ぎのやり方　……………………… 50
- 平泳ぎの腕・息継ぎ・足のタイミング　…………… 54
- 平泳ぎで進む　………………………………………… 56

オリンピックで競われている４つの泳ぎ方　……… 60

毎日やろう！　水泳がうまくなるためのストレッチ　…………… 61

さくいん　…………………………………………………… 63

この本の使い方

この本を順番に読み進めていけば、水泳の初心者でも、最終的にはクロールや平泳ぎのコツがつかめるようになるでしょう。練習する内容を簡潔にまとめたタイトルがついているので、自分が練習したいポイントのページだけを読むこともできます。

 うまくなるためのポイントや、正しい泳ぎ方を示します。

 悪いやり方、泳ぎ方を示します。

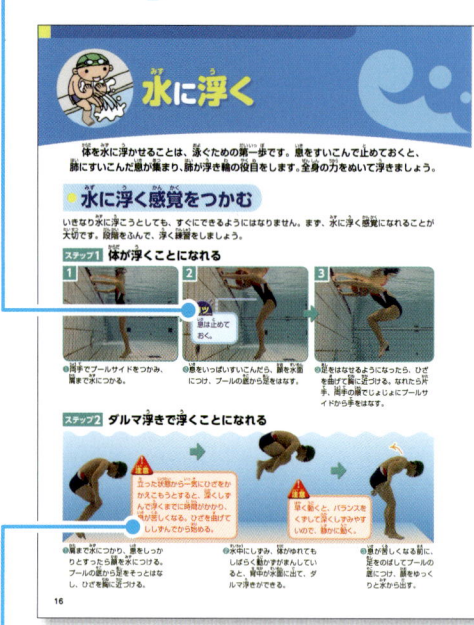

 その動作をするうえで、必ず注意しなければいけないことを示します。

 水泳に関するいろいろな疑問に対して答えます。

レベルアップ その動作がさらに上達するためのやり方を紹介します。

こんなときは、このページを見よう

- 水中で息をうまくはき出すことができない
- うまく浮くことができない

　第1章へ（→8〜19ページ）

- けのびがうまくできない
- ばた足で前にうまく進むことができない

　第2章へ（→22〜27ページ）

- クロールで両腕をたくさん動かしているのに前に進むことができない
- クロールでうまく息継ぎができない

　第3章へ（→30〜44ページ）

- 平泳ぎで足の裏を使ってうまく水をけることができない
- 平泳ぎの息継ぎのタイミングがわからない

　第4章へ（→46〜59ページ）

第1章 水になれる

プールに入る前には、準備が大切です。準備ができたら、まずプールに安全に入ったり出たりする方法を確認します。それから、水中にもぐったり、水に浮いたりするのに挑戦です。あなたも水と友達になりましょう。

プールに入る前に

プールに入る前に、まず身だしなみを整えます。その後、シャワーをあびたり、準備運動をしたりして、しっかりと体の調子を整えたうえで水に入りましょう。

身につけるものを整える

まず、プールの清潔さを保つために、水泳専用のぼうし（スイミングキャップ）をかぶります。また、水中でもはっきりと見えるようにスイミングゴーグルを使いましょう。

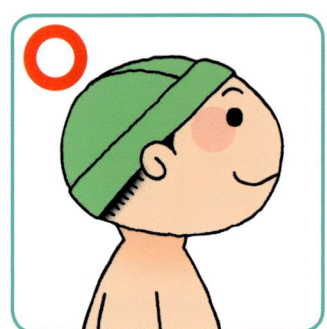

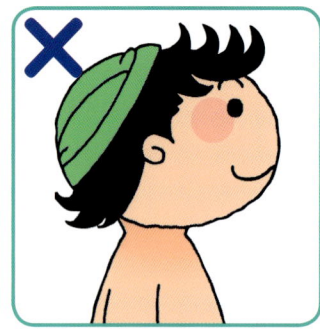

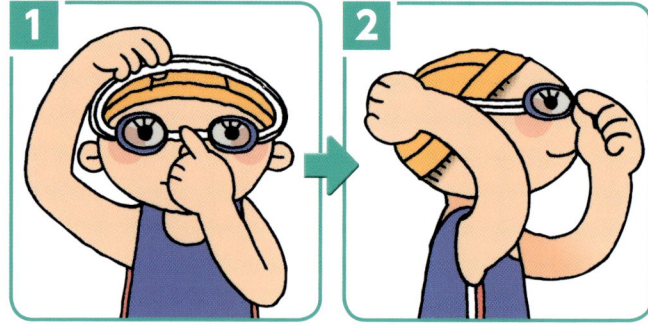

スイミングキャップをかぶる

スイミングキャップの口を広げて、耳のあたりまでしっかりとかぶる。スイミングキャップに収まらなかった髪の毛は中にしまう。

注意　水が前髪をつたって顔に流れてこないよう、前髪をしっかりと入れる。

スイミングゴーグルをつける

① ベルトの長さを調整し、ゴーグルを目のくぼみにぎゅっとおし当てる。
② ゴーグルを片手でおさえつけ、もう片方の手でゴーグルのベルトを頭にかける。

体の調子を整える

身につけるものを整えたら、早くプールに入りたいと思うでしょうが、きちんと準備してから入らないといけません。シャワーをあびて体をきれいにしたり、準備運動をしたりして、かたまっている筋肉をほぐしましょう。

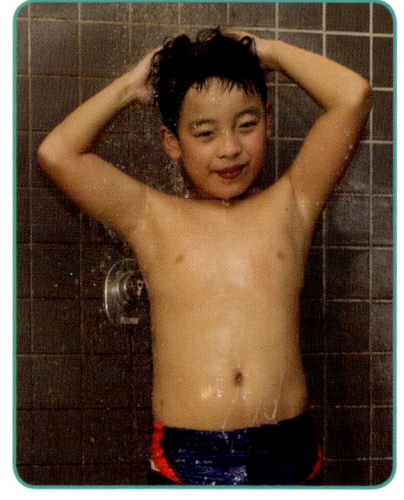

シャワーをあびる

腕、足先、おなか、頭、胸の順でシャワーをあび、全身をきれいにする。シャワーをあびるときはスイミングキャップを取り、髪の毛もあらう。終わったら再びスイミングキャップとゴーグルをつける。

第1章 水になれる

準備運動をする

手首・足首
手を胸のあたりで組み、手首を回す。片足で立ち、もう片方の足首を回す。すわって、手で足を持ち、足首を回してもよい。

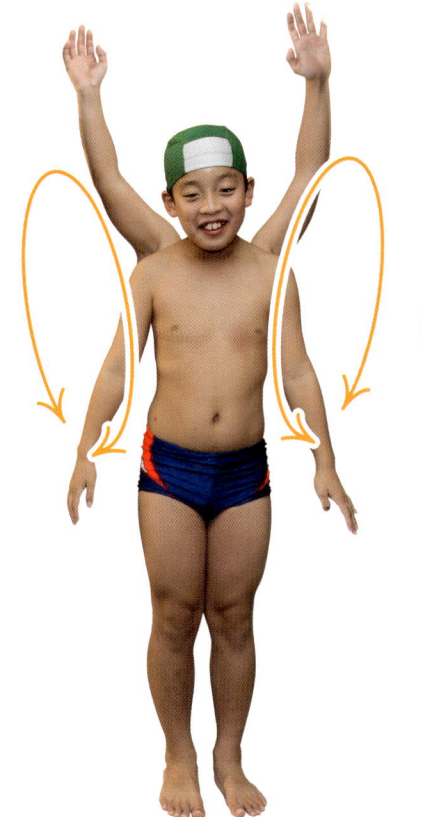

肩
両腕を4回ごとに、前と後ろに交互に大きく回す。腕のつけ根から大きく回すように意識する。

ひざの屈伸

伸脚

体全体
ひざの屈伸や伸脚をする。体全体をやわらかくするために、ストレッチ（→61、62ページ）をする。

● 入る前に水をかける

準備が終わったら、いよいよプールに入ります。でも、あたたまった体でいきなりプールに入ると、筋肉がこわばり体によくありません。まず入る前に水をかけて、水の冷たさになれましょう。

水泳Q&A プールでも転んでけがをする？

プールでいちばん危険なことは、おぼれることです。でも、転んで頭を打つのも、プールで起きやすい事故の一つであるということを知っていますか。

プールサイドは水でぬれています。そこを走ると、足をすべらせ、転んでしまうことが多いのです。

またそのほかに、準備運動をせずにプールに入って、心臓が停止したり、足がけいれんしたりする事故もよく起きます。

水泳を安全に楽しむためにも、プールサイドは走らず、準備運動をきちんとしてから、水に入りましょう。

プールサイドにすわり、足を水にゆっくり入れたら、まず腕に水をかける。その後、おなか、頭、胸の順に水をかける。

水に入って動く

さあ、プールに入って動いてみましょう。初めは体がふわりと浮き、足元が不安定なので、まっすぐ立つのもむずかしいかもしれません。少しずつ、水中の感覚になれましょう。

● プールに入る

早くプールに入りたいからといって飛びこむと、けがをする可能性があります。必ず安全な入り方の手順を守りましょう。

1 プールサイドのふちにすわり、足を水に入れる。

注意 立った状態から入ると足をすべらせるので、必ずすわって入る。

2 プールに背を向けるように体を半回転させ、プールサイドに両手をつき、しっかりと体を支えたら、ゆっくりとプールに入る。

コツ 両腕で体を支えながら、ゆっくりとひじを曲げて入る。

3 肩まで水の中につかったら、プールサイドからゆっくりと手をはなす。

● プールから出る

プールから出るときは気がゆるみがちです。手順を守り、落ち着いて出ましょう。

1 プールを背にして、プールサイドに両手をかける。ひざをいったん曲げてから、プールの底をしっかりとけり、両手で体を支える。

2 両手で体を支えたまま、片方のひざをプールサイドにのせる。

3 もう片方の足をプールから出して、立ち上がりながら体をプールから出す。

第1章 水になれる

水中で動く

水になれる第一歩は、水中を歩くことです。いろいろな歩き方をためしてみましょう。

水に入って歩く

❶ 水の中を、陸上で歩くときと同じようにして歩く。

❷ 少しなれたら、手で水をかきながら歩いてみる。さらになれてきたら、肩まで水につかって歩く。

❸ ジャンプをくり返しながら前に進むなど、いろいろな方法で進んでみる。

❹ 前に進むことになれたら、後ろ向きになって、歩いたりジャンプをしたりしてみる。

やってみよう❗

次のような遊びをすると、楽しみながら水になれることができます。

おにごっこ

おにの役を決める。おにの役の人が10秒数えて、にげる人はその間にプールにちらばる。数え終わったら、おにごっこを始める。どうしたらおににつかまらないようにすばやく動けるか、いろいろとためしてみよう。

電車ごっこ

4、5人で一列になり、前の人の肩に手をかけて進む。なれてきたら、横一列になって手をつないだり、円になるように手をつないだりして進む。動くことで水に流れができることを感じとろう。

水中で呼吸をする

水中では、意識して息をしっかりはき出さないと、水上に顔を出したとき、息をすいこむことができません。もぐったり、泳いだりするときに必要な、水中での呼吸方法を身につけましょう。

● 息を止めてもぐる

まず、息を止めて水中にもぐることから始めましょう。

ステップ1　両手でプールサイドをつかんでもぐる

❶ 両手でプールサイドのふちをつかみ、肩まで水につかる。

❷ 息をすったら、プールサイドのふちをつかんだまま、ひざを曲げて頭が全部水中に入るまでもぐる。頭の中で「1、2」と数えたら、水中から顔を出す。なれてきたら、軽くジャンプをして、もう少し深い位置までもぐってみる。

ステップ2　片手でプールサイドをつかんでもぐる

コツ 息がもれないよう、口をしっかりとじる。

息をすったら、片手でプールサイドのふちをつかんだまま、肩まで水につかり、ひざを曲げて水中にもぐる。「1、2」と数えたら、水中から顔を出す。なれたら、できるだけ深く、長くもぐってみる。

ステップ3　つかまらないでもぐる

コツ 体の力をぬく。

息をしっかりとすったら、ひざを曲げて水中にもぐる。軽くジャンプしてからもぐると、深くもぐることができる。なれてきたら、だんだんジャンプを高くして、プールの底におしりをつけられるくらいまで、もぐってみる。

12

第1章 水になれる

● 息をはき出す

今度は水中で鼻から息をはき出してみましょう。口をとじ、鼻歌を歌うようにすると、自然に鼻から息をはき出せます。

ステップ1 陸上で、鼻から息をはき出す感覚になれる

コツ
「パッ」のとき、顔を上に向け、しっかりと息をはき出す。

❶ まっすぐ立ち、正面を見たら口をしっかりとじて、「ウーン」といいながら、鼻から息をはき出す。

❷「パッ」といって大きく口を開け、息をはき出す。息をはき切れば、空気が自然に入ってくるので、息をすうことができる。

ステップ2 水中で、鼻から息をはき出す感覚をつかむ

コツ
鼻歌を歌うイメージで息をはき出す。

コツ
水中から顔を出したとき、口に水が入るのをふせぐため、少し上を向く。

❶ 肩まで水につかってからもぐる。もぐりながら、「ウーン」といって、鼻から息をはき出す。不安なときは、プールサイドにつかまって始めるとよい。

❷ 顔を水から出すと同時に、「パッ」といって口を開けて、息をはき切る。

13

| ステップ3 | 水中で鼻から息をはき出す動作をくり返す |

① 息をすいこみ、口をとじて水にもぐる。同時に鼻から息をはき出す。

② プールの底を軽くけり、ジャンプをして、水中から顔を出すと同時に、口を開けて息をはき切る。

コツ：水から顔を出したときは、少し上を向く。

③ なれてきたら、なわとびをとぶようなリズムで、100回を目標にこの動作をくり返す。

| ステップ4 | 二人で鼻から息をはき出すタイミングを合わせる |

① 二人で向かい合って手をつなぎ、そのまま二人同時にもぐり、鼻から息をはき出す。

② タイミングを合わせて、同時に顔を外に出して息をはき切る。なれてきたら、この動作をくり返す。

水泳Q&A　水中で息をはき出しにくいのは、なぜ？

わたしたちはふだん意識せずに呼吸をしていますが、じつは、息をはき出すとき鼻の前にある空気をどけています。水中では鼻の前に空気ではなく水があります。1リットルの空気の重さは1.2グラムほどですが、水1リットルは約1キログラムと空気の約830倍も重いので、それをどけながら息をはき出すのはたいへんです。

水泳の練習をたくさんすれば、意識しなくても水中で息をはき出すことができるようになりますが、最初のうちは、重い水をどけることになれていないので、息をはき出しにくく感じるかもしれません。なれるまで、水中では、意識して鼻から強く息をはき出すようにしましょう。

水と仲よしになろう

● どうして水をこわいと思うのか？

水がこわいから、水泳が苦手だという人がいます。そのような人が、水をおそれる理由はいろいろあります。

その一つが「息苦しいから」です。水中では陸上とちがって、呼吸ができません。それに、水が体をおす力（水圧）で肺がおされるので、ふだんより息苦しく感じるのです。

また、「動きにくいから」というのも、よく聞かれる理由の一つです。水の中では体が浮いて、足元が不安定なので、ふだんのように歩けず、動きにくく感じてしまいます。

● とにかく浅いところで練習する

水へのこわさをなくすには、水と仲よくなるのがいちばんです。そのためには、浅いところでくり返し水になれる練習をすることが大切です。まず、洗面器の水（温水）で顔を洗うところから始め、その後シャワーを使って顔を洗うというように、段階をふんで、水に対する恐怖心を少しずつなくしていきましょう。

冷たい水で練習するよりも、温水を使うほうが、緊張がほぐれて、やりやすくなります。最初はプールだけではなく、おふろでも練習するとよいでしょう。

水と仲よくなるまでのステップ

温水でためす
❶ 洗面器に張った温水を、手ですくい、しっかりと顔全体につけて洗えるようになる。

❷ シャワーの温水を頭からあびる。頭からあびている間、目を開けていられるようになる。

冷水でためす
❸ 洗面器に張った水に、5秒間顔をつけていられるようになる。

❹ 浅いプールに座って、水を体全体にかけることができるようになる。

水に浮く

　体を水に浮かせることは、泳ぐための第一歩です。息をすいこんで止めておくと、肺にすいこんだ息が集まり、肺が浮き輪の役目をします。全身の力をぬいて浮きましょう。

● 水に浮く感覚をつかむ

　いきなり水に浮こうとしても、すぐにできるようにはなりません。まず、水に浮く感覚になれることが大切です。段階をふんで、浮く練習をしましょう。

ステップ1　体が浮くことになれる

コツ：息は止めておく。

❶両手でプールサイドをつかみ、肩まで水につかる。

❷息をいっぱいすいこんだら、顔を水面につけ、プールの底から足をはなす。

❸足をはなせるようになったら、ひざを曲げて胸に近づける。なれたら片手、両手の順でじょじょにプールサイドから手をはなす。

ステップ2　ダルマ浮きで浮くことになれる

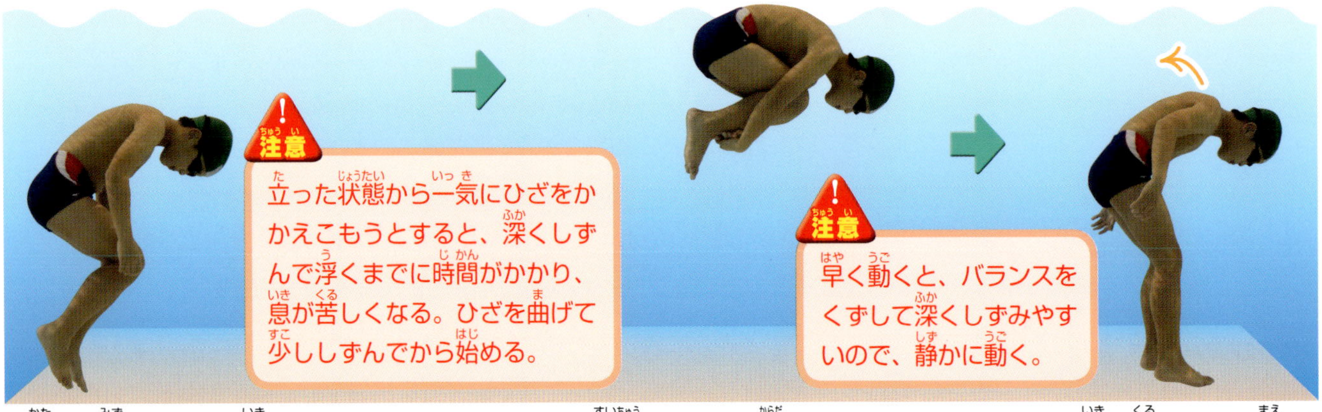

注意：立った状態から一気にひざをかかえこもうとすると、深くしずんで浮くまでに時間がかかり、息が苦しくなる。ひざを曲げて少ししずんでから始める。

注意：早く動くと、バランスをくずして深くしずみやすいので、静かに動く。

❶肩まで水につかり、息をしっかりとすったら顔を水につける。プールの底から足をそっとはなし、ひざを胸に近づける。

❷水中にしずみ、体がゆれてもしばらく動かずがまんしていると、背中が水面に出て、ダルマ浮きができる。

❸息が苦しくなる前に、足をのばしてプールの底につけ、顔をゆっくりと水から出す。

16

第1章 水になれる

伏し浮きをする

うつ伏せで、両手と両足をまっすぐのばして浮かんだ状態を伏し浮きといいます。止まって行うのはむずかしいので、プールの底をけり、前に進みながらやります。体全体が浮くことになれましょう。

○ 正しいやり方

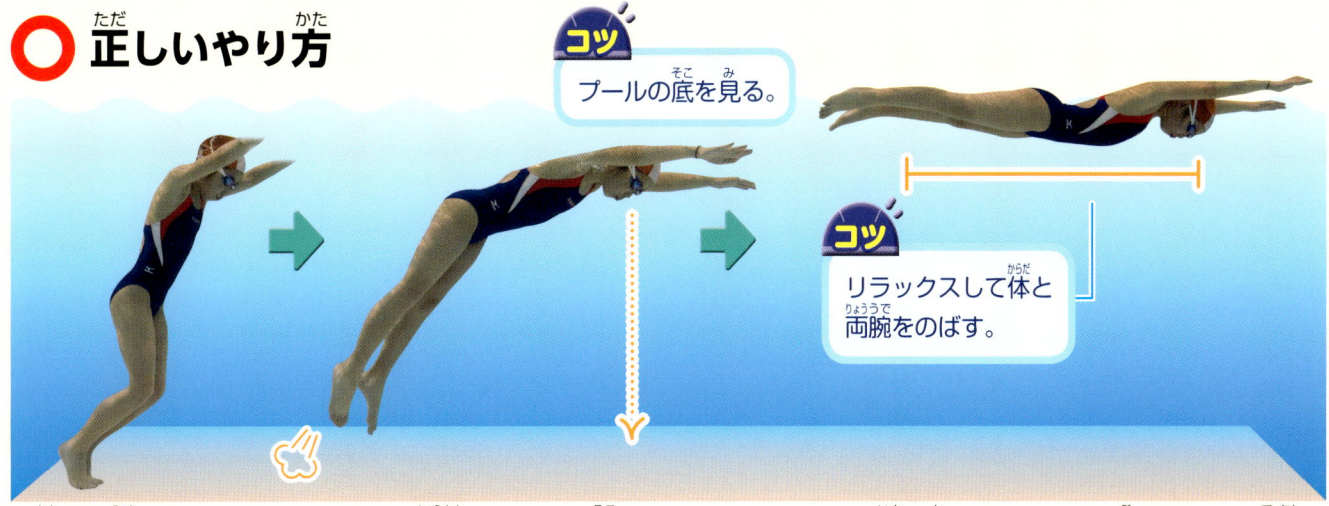

コツ：プールの底を見る。

コツ：リラックスして体と両腕をのばす。

❶ 肩まで水につかり、両手を前にのばし、息をすいこんだら、顔を水につける。

❷ 両足でプールの底をけり、体をのばす。

❸ 息を止めたまま、うつ伏せになり、手足をのばして浮く。スピードが落ちてきたら、手足をゆっくりと曲げてダルマ浮きになり、立ち上がる。

✕ 悪いやり方

✕NG：ひざがのびていなかったり、のばしすぎて背中がそったりして、浮きにくくなっている。

✕NG：顔が前を向いていると、体がしずみやすい。

水泳QアンドA　息をはくとどうしてしずむの？

もともと人間の体は、水にしずむようにできています。ただ、肺に空気をいっぱいすいこむと、肺が浮き輪の代わりになります。

そのおかげで、わたしたちは水に浮くことができます。ところが、反対に息をはき出すと、肺がしぼんで浮くことができなくなるのです。

ためしに、ダルマ浮きの状態から、ゆっくり息をはき出してみましょう。だんだんと体がしずみ始めるので、肺が浮き輪の役割をしているということが、よくわかります。

17

水の中にもぐって遊ぶ

水中でなら、陸上ではむずかしい宙返りもかんたんにできます。
水の中でどんなことができるのか、遊びながらいろいろとためしてみましょう。

● 水中で遊ぶ

体の一部が底につくくらいもぐったり、回転したりしましょう。陸上と水中のちがいがわかります。

プールの底に背中をつける

コツ 足先、おしり、背中、頭の順に、プールの底をさわるイメージでもぐる。

注意 水中で上を向くと鼻から水が入っていたいので、「ウーン」といって鼻から息をはき出す。

❶息をすいこみ、プールの底をけって一度高くジャンプしてから、勢いよくもぐる。

❷手で水を上にかきながら、おしりをプールの底に近づける。

❸さらに水を上にかき、体をのばしてあお向けになり、プールの底に背中をつける。

プールの底におなかをつける

コツ しっかりと両手で水を上にかく。

❶肩まで水につかり、息をしっかりすいこんだら、プールの底を強くけってもぐる。

❷足を後方に引きながら、両手で上に水をかく。うつ伏せになりながらしずみ、足先をプールの底に近づける。

❸足先、ひざ、もも、おなか、胸の順番にプールの底につける。

第1章 水になれる

後ろ向きに回る

❶ 二人で向かい合い、支える人が手のひらを上にする。回る人は支える人の手のひらの上に手をのせて、つなぐ。回る人は肩までしずみ、息をしっかりとすいこむ。

❷ 回る人は、もぐったら、逆上がりをするようにして後ろ向きに回る。

コツ　支える人のおなかから胸を上り、足が胸についたら軽くけると後ろに回りやすい。

❸ 支える人は、回る人が回り始めたら、両手を大きく広げて、回る人の手をはなす。回る人は回っている間は、鼻から水が入ってこないよう、「ウーン」といって、鼻から息をはき出し続ける。うまくできるようになったら、勢いをつけて一人だけで同じように、後ろ向きに回ってみよう。

コツ　回り始めたら、両ひざは胸につけるようにして、できるだけ小さくなる。

やってみよう！

水の中にもぐってする遊びを紹介します。友達といっしょにやってみましょう。

水中で数を数える

水中にもぐり、もぐっている間に「1、2……」と数を数える。苦しくなったら、水中から顔を出す。指を折って数えてもよい。いくつまで数えられるかチャレンジしてみよう。

水中で逆立ちをする

もぐったらプールの底に手をつき、逆立ちの状態になる。初めは、だれかに足をつかんでもらい、バランスを取る。

コツ　プールの底を見て鼻で息をはき出し続ける。

19

プールのひみつを見てみよう

● プールの水はいつも入れかわっている

わたしたちがプールから出るときに、体についた水が外に出るので、プールの水は、だんだん減ってしまうはずです。でも実際には、プールの水は、いつもいっぱいになっています。

これは、プールの水の量がつねに一定になるように、機械で調整されているからです。

さらにプールには、つねに水をきれいに保つための機械もついています。それが、循環ろ過装置とよばれるものです。この装置が、プールの水の一部をとりこみ、よごれをとりのぞいた後、ふたたびもとのプールに水をもどしています。

こうした機械のおかげで、わたしたちはいつもきれいな水がたっぷりのプールで、水泳を楽しむことができるのです。

● いつもプールの水があふれているわけ

ところで、なぜプールの水はいつもあふれているのでしょうか。その理由は、泳ぎやすさに関係してきます。

わたしたちが泳ぐと、水面には必ず波が立ちます。もし、プールの水があふれていなかったら、この波は壁に当たってはね返り、泳ぐ人の体にぶつかって、じゃまをするでしょう。しかし、水があふれていると、プールの外に出ていく水とともに波が消え、泳ぐ人のじゃまをすることがなくなるのです。

競泳用のプールには、ほかにも、泳ぎやすいように、さまざまな工夫がなされています。

競泳に使われるプール(50メートル国際プールの場合)

コース
基本的にスタート側からプールを見て、右から1コース、2コース……となる。

背泳ぎ用標識
コースの両端壁から5メートルの位置にある旗。背泳ぎ(→60ページ)の選手が、コースの端までの距離を知るためにある。

スタート台
出っ張りがついて、とびこみやすい。

コースロープ
コースを区切るロープ。両端壁から5、15、25メートル地点で色が変わっている。泳ぐときのペース配分に利用される。

コースライン
プールの底に引かれた、各コースの中央を表すライン。コースの両端壁から2メートル以内の部分が消えている。泳いでいる選手たちはこれで、プールの壁が近いことがわかる。

タッチ板
泳ぐスピードを計測する。100分の1秒単位の計測ができる。

第2章
水中を進む

水になれることができたら、次は、水中を進むことにチャレンジしましょう。顔を水につけて、浮くことができるようになれば、水中を進むのはかんたんです。手足を動かすだけで、自由に進むことができます。

けのびや背浮きで進む

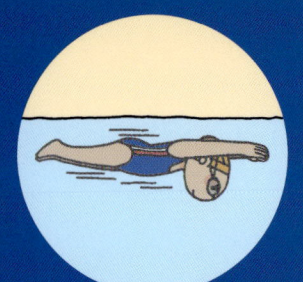

水中をうまく進むためには、どのような体勢をとればよいでしょうか。
ポイントは、どんな体勢でも、体を一直線にすることです。

● けのびをする

けのびは、水中を進むうえで、最も基本的な形です。水の抵抗を受けにくい体勢なので、どの泳ぎ方にもけのびの形が入ります。

1

❶肩まで水につかり、両腕を前にのばして息をすいこむ。

2

コツ　ゆっくりとけり始める。
❷息を止めて顔を水につけ、ダルマ浮きのイメージで浮く。浮いたら、両足の裏を壁につける。

3

❸両足で壁をけり、体をのばす。両腕と両足をそろえてそのまま前に進む。つま先までしっかりとのばす。

4

コツ　体を一直線にする。
❹自然に止まるまで、そのまま水中を進む。止まるときはいったんダルマ浮きの体勢になってから、プールの底にゆっくり足をつけて立つ。

第2章 水中を進む

背浮きをする

あお向けで水中に浮かぶことを背浮きといいます。背浮きができるようになると、クロール（→30〜44ページ）の息継ぎ（泳いでいるとちゅうに息をすう動作）にも応用することができます。

⭕ 正しいやり方

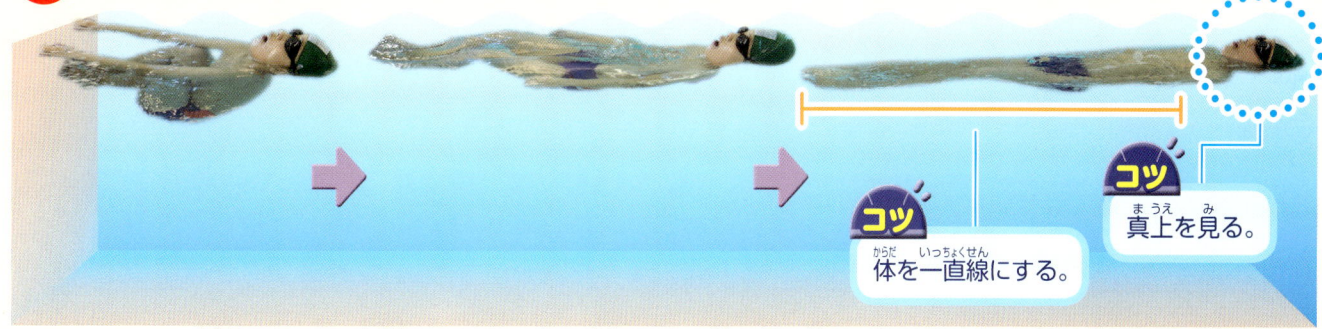

コツ 真上を見る。
コツ 体を一直線にする。

❶ プールサイドを両手でつかみ、両足の裏を壁につける。
❷ しずかに壁をけり、胸を少し張るようにして、あお向けの状態になる。
❸ よけいな力をぬき、体をのばして浮かぶ。

❌ 悪いやり方

✕NG 腰やひざが曲がって、体がのびていない。
✕NG あごをひきすぎて、体がしずむ。

✕NG 胸をそらしすぎて、顔が水中にしずむ。

レベルアップ

泳ぐときに、手、頭、腰、足を一直線にすることで、水中を速く楽に進むことができます。しかし、自分の体がちゃんとまっすぐになっているのかどうか、水中では確認できません。そこで、体が一直線の状態になっているかどうかを、確かめる方法を紹介します。

鏡でチェックする

鏡の前に立ち、両腕で耳をはさみ、頭の上で両手をかさねる。足はそろえ、ひざをぴんとのばす。おなかやおしりがつき出やすいので、おなかやおしりに軽く力を入れ、一直線の状態になる。

正面　横

友達にチェックしてもらう

けのびをしているとき、水面に頭やおしりが出ていたら、その部分を友達にさわってもらう。

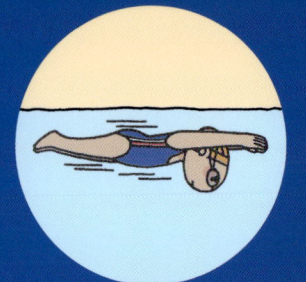
ばた足をする

足の甲で左右交互に水をけって、水中を進む足の使い方を、ばた足といいます。水泳の基本となる足の動きなので、まずはばた足のコツをつかみましょう。

ばた足を身につける

正しいばた足をすれば、水中をスムーズに進むことができます。逆に、悪いばた足だとうまく進めず、水中での姿勢もくずれます。正しいばた足のポイントをおさえましょう。

〇 正しいばた足

横

コツ 足首はのばして、力をぬき、やわらかく使って水をける。

コツ 太ももから足全体を動かして、水をしっかりける。

後ろ

コツ 足の甲で水をける。

コツ けり終わりは、ひざ、足首、つま先をしっかりとのばす。

✕ 悪いばた足

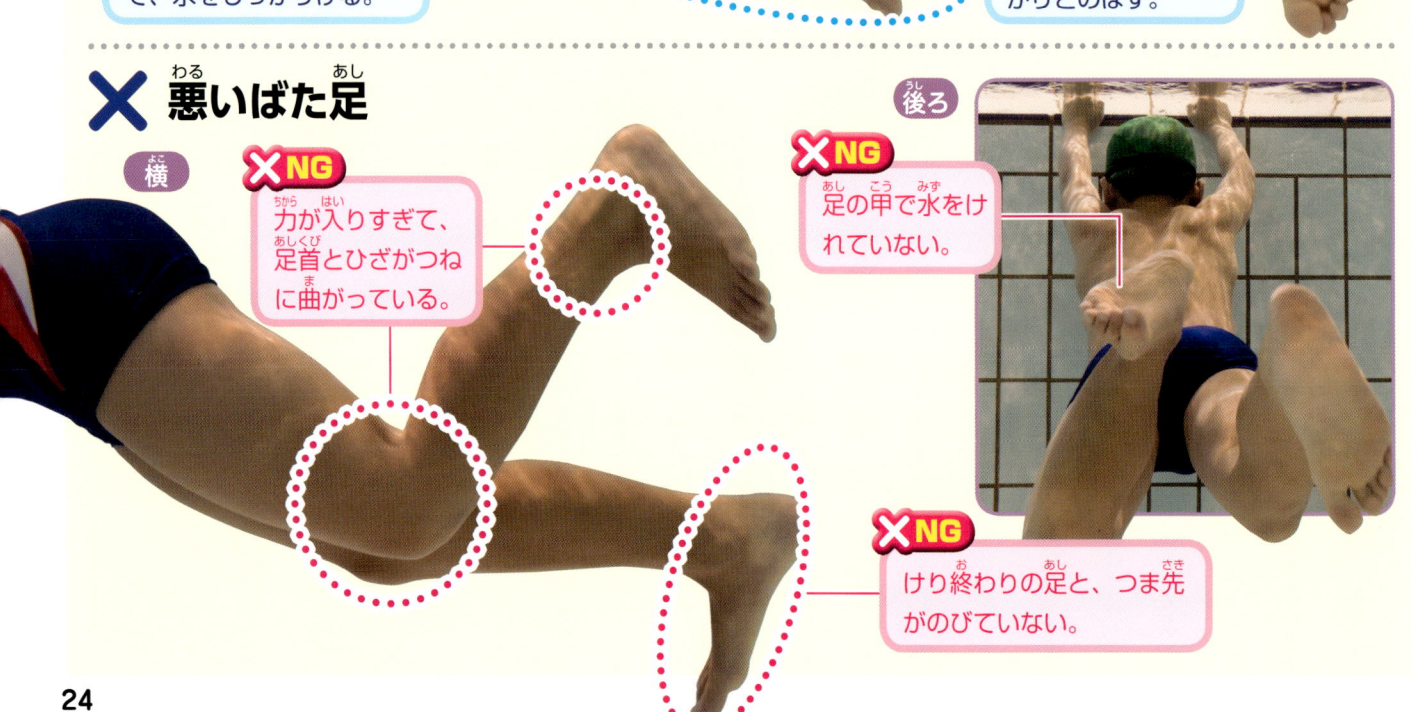

横

✕NG 力が入りすぎて、足首とひざがつねに曲がっている。

後ろ

✕NG 足の甲で水をけれていない。

✕NG けり終わりの足と、つま先がのびていない。

第2章 水中を進む

● ばた足の感覚をつかむ

段階をふんで練習すれば、よいばた足は自然と身につきます。足の甲でしっかり水をけることを意識して練習することが大切です。

ステップ1 プールサイドのふちで、ばた足の動きになれる

コツ 水面から足を大きく出さない。

プールサイドのふちにすわる。水中に入れた両足をそろえ、まっすぐのばしたら、右足と左足を交互に上下に動かしてばた足を始める。

コツ ビート板を下に置くと、おなかの位置がずれにくい。

プールサイドのふちに腹ばいになる。水中に入れた両足をそろえ、まっすぐのばしたら、ばた足を始める。

ステップ2 水中でばた足をして、足で水をける感覚をつかむ

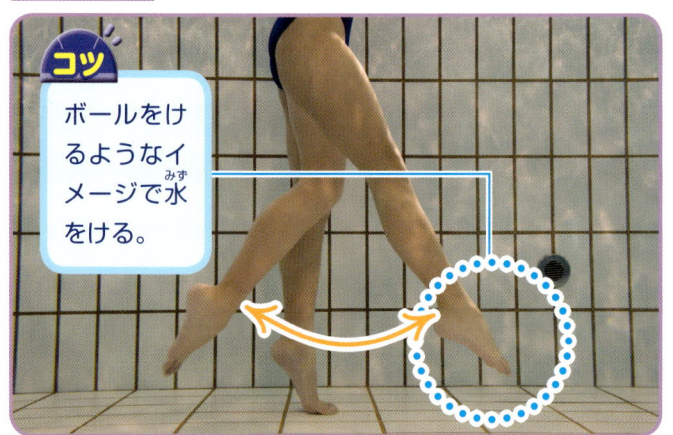

コツ ボールをけるようなイメージで水をける。

片手でプールサイドをつかみ、水中に片足で立つ。もう一方の足を前後に動かす。

コツ ひじを壁につけると、姿勢が安定する。

両手でプールサイドをつかみ、うつ伏せの状態で浮く。浮いたら足をそろえ、まっすぐのばし、ばた足を始める。

水泳QアンドA 水の抵抗がないと泳ぐことはできないの？

水中では水の抵抗に逆らって進みます。だから速く泳ぐためには、抵抗を減らすことが大事なのですが、じつは泳ぐためには、ある程度の抵抗も必要です。

泳ぐときの推進力（前に進む力）は、手のひらや足を動かしたときの抵抗で生まれます。たとえば手のひらで水を切るようにかくと、抵抗が少なく楽ですが、おしのけられる水は少ないので、あまり進みません。うまく進むには、水をかくときは、水をおす方向に手のひらを向けたり、けるときも足の甲や裏を、水をたくさんおせる向きにしたりすることが大切です。

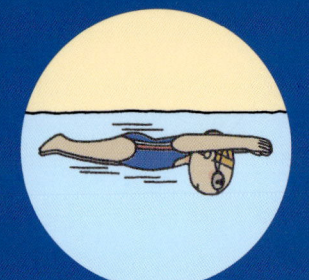

いろいろな足の動きで進む

ばた足のほかにも、水中で前に進むための足の動きは、いろいろあります。
ラッコになった気分で、いろいろな足の動かし方をためしてみましょう。

● いろいろな足の動きを身につける

背浮きをした状態でばた足をする足の動きを、背面キックといいます。あお向けになり、水を足でけって進んでみましょう。

背面キックで進む

1 プールサイドを両手でつかみ、肩まで水につかり、両足を壁につける。壁をけり、つま先まで足をのばして、背浮きの状態になる。

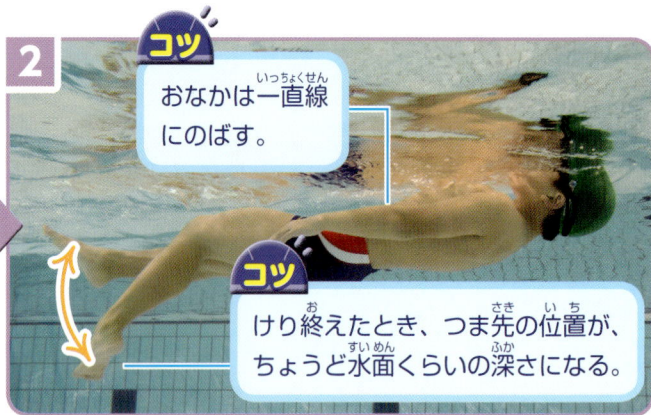

コツ おなかは一直線にのばす。

コツ け終えたとき、つま先の位置が、ちょうど水面くらいの深さになる。

2 背浮きの状態のまま、ばた足をするようなイメージで、左右の足を交互に動かす。

やってみよう！

ビート板を使ったり、腕を動かしたりして、背面キックで水中を進んでみましょう。

ビート板を使って進む

ビート板をおなかにかかえこみ、背面キックで進む。

背浮きから、腕を動かして進む

背面キックの状態で、頭の横から太ももに向かって、腕を左右対称に動かす。

第2章 水中を進む

足の動きを組み合わせて進む

いろいろな足の動きがわかったところで、今度はそれを組み合わせてみましょう。ここでは、ばた足と背面キックを組み合わせた基本的な動きを紹介します。

ばた足と背面キックを組み合わせて進む

❶水に入って、息をすいこんだら、顔を水につけてもぐる。両足で壁をけって、うつ伏せの状態で水中を進む。

❷スピードが少し落ちたら、ばた足を始める。

コツ 両腕はリラックスさせておく。

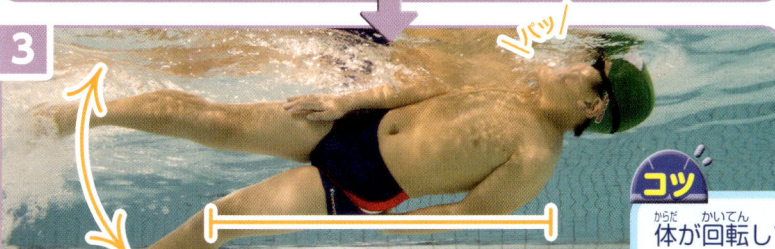

❸ばた足を6回したら、体を回転させて背浮きの状態になり、息をすいこむ。息をすいこむ間も背面キックを続ける。回転するときに、手で水をかいてもよい。

コツ 体が回転しても、まっすぐな状態を保つ。

❹息をすったら、またうつ伏せの状態になってばた足を続ける。息が苦しくなったら❸と❹の動作をする。

レベルアップ

足の動かし方には、イルカのように、足を上下にしなやかに動かす方法もあります。これをドルフィンキックといいます。

❶けのびの状態からひざを軽く曲げる。足首とつま先をのばし、ひざから下の部分で、水をたたくようなイメージでけり下ろす。

❷けり下ろした足のひざをのばしたまま、足を上に上げる。

❸❶と同様に、ひざを軽く曲げて再び水をけり下ろす。❶と❷の動作をくり返す。

27

浮くのを助けてくれるビート板

● 人は水に浮けるの？

泳げない人のことを「カナヅチ」といいますが、泳げない人は本当に「カナヅチ」のように水にしずんでしまうのでしょうか。

じつは、そのようなことはなく、多くの人は息をたくさんすえば、ダルマ浮きができます。でも背浮きは、足がしずんでうまくできないという人も多いでしょう。どうして背浮きはうまくできない人が多いのでしょうか。

それはわたしたちの体の重さの中心（重心）がおへそあたりにあるのに対して、水中で浮こうとする力の中心（浮心）は胸にあり、重心と浮心の間がはなれているからです。背浮きでは胸は浮こうとするのに、腰や足はしずもうとするので、安定せず、しずみやすくなるのです。

● ビート板を使って浮こう

足をビート板にのせて、手足をのばしてみましょう。楽に水に浮くことができるはずです。これはしずみやすい足に、ビート板の浮く力を足したからです。おしりの下にビート板を入れても浮くことができます。

では頭の下に入れたら、どうでしょう。多くの人は、足がしずんでしまうのではないでしょうか。ビート板は浮く力を増やしてくれますが、その力を有効に使わないとうまく浮くことができません。いろいろとためしてみて、その特性を理解しましょう。

重心と浮心の関係　↓重心　↑浮心

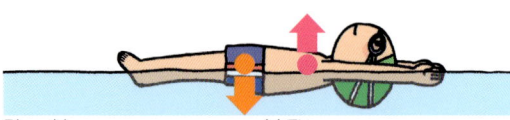
腰や足がしずもうとして安定せず、しずみやすい。

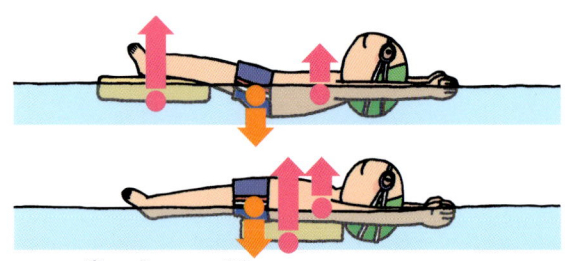
ビート板が浮くのを助ける。

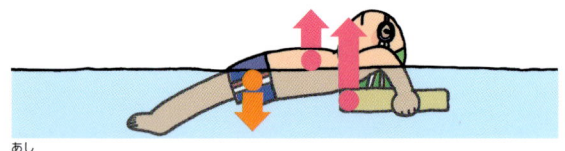
足のほうがしずむ。

身の回りのものなどを使って浮く

ビート板の上に正座をしてみる。1まいでできたら、数を増やしてみる。

⚠注意　プールサイドから、はなれて行う。

ふたがついた空のペットボトルの底を、あごの下につけ、体をちぢめる。息ができるように上を向いて行う。初めは2リットルのものからやってみて、うまくできたら小さいものを使う。

第3章 クロール

クロールは、両手で左右交互に水をかき、ばた足をしながら前に進む泳ぎ方です。水中を進む基本であるばた足に、手で水をかき分ける動きもくわわるので、とても速く進むことができます。

クロールの足の使い方

クロールは、足の動きの基本であるばた足で進みます。速く足を動かさなければ、前に進まないと思いますよね。でも、水をしっかりとらえれば、速く足を動かす必要はないのです。

クロールの足の動き

クロールをするとき、ばた足は大切です。一定のリズムを保ち、1回ごとにしっかりと足の甲で水をけることで、楽に泳ぐことができます。

⭕ 正しいやり方

1 コツ：しっかりけって、ひざ、足首、つま先をのばす。

❶ 足首の力をぬいて、両足をまっすぐのばし、片方の足で水をけり下ろす。もう片方の足は、水をけり上げる。

2 コツ：水をけった感覚を足の甲に感じたら、ひざからつま先までのばす。

コツ：けり上げたとき、足を水面に出さない。

❷ ❶の動作を、一定のリズムでくり返す。太ももから動かし、ひざ、足首、足の指先までを、しなやかに使って水をける。

❌ 悪いやり方

×NG ひざと足首がつねに曲がっている。

×NG 足が水面から出ている。

第3章 クロール

● ばた足を続ける

クロールで長いきょりを進むには、ばた足を続ける力が必要になります。ばた足を長時間続けられるようになるために、少し長いきょりを、ばた足で泳いでみましょう。

ビート板を使って25メートルを進む

1

❶ビート板を持ち、肩まで水につかったら顔を水につける。プールの壁をけって、けのびをする。

2

❷少しスピードが落ちたら、ばた足を始める。最初は、息が苦しくなったら、立ち止まって息をすいこむ。その後、プールの底をけって、またばた足を始める。

3

❸なれてきたら、ばた足を6回した後に、顔を上げて息をすいこむ。息をすったら、また顔を水にもどして、同じことをくり返す。うまくできたら、25メートルを目標に進んでみる。

水泳QアンドA　足首がやわらかいと速く泳げるのはなぜ？

陸上でジャンプするときは、ゆかをける力が強いほど高くとび上がることができます。でも水中では、力いっぱい水をけっても、うまく力が伝わりません。

水中でうまく力を伝えるためには、やわらかい動きが必要です。たとえば、うちわであおぐと、やわらかくしなって、かたい板を使うよりも楽に風を起こせます。ばた足のときの足首もこれと同じです。足首やひざをやわらかく使うと、ももを動かしてできた動きが、ひざから足首、そして最後に指先へと、力が大きくなりながら伝わり、よく進むばた足になるのです。

足首をやわらかくするために、ストレッチ（→61、62ページ）を毎日しましょう。

31

クロールの腕の使い方

クロールは腕を使うことで、ばた足だけで進むよりも、ずっと速く水中を進むことができます。クロールをするとき、どのように腕を使えばよいか見てみましょう。

クロールの腕の動き

クロールでは、左右の腕を交互に回して、水をかき分けて進みます。この腕の使い方が悪いと、前にうまく進めなくなってしまいます。

○ 正しいやり方

1

❶ 手をそろえた状態から、両腕をまっすぐのばし、顔を水中に入れる。片方の手で、前方にある水を後方に向かってかき分けていく。

手のひらは軽く広げ、力をぬく。

2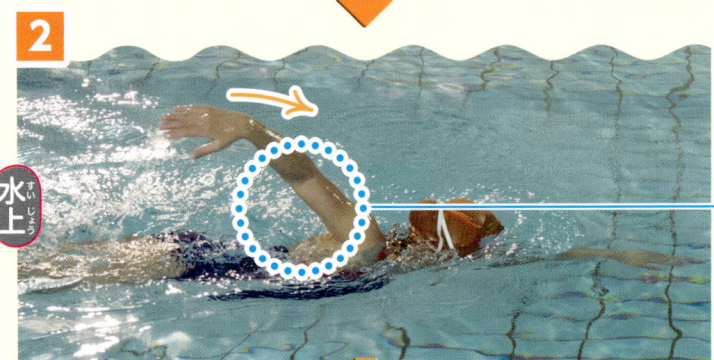

❷ 後ろまでかいたら、水から出し、大きく回して、前に運ぶ。

腕全体を大きく回す。

3

❸ 腕を水中にもどしながら、もう片方の腕で水をかき始める。❶〜❸の動作をくり返す。

指先（特に親指）から水中にもどす。

3メートルくらい先のプールの底を見る。

第3章 クロール

✗ 悪いやり方

✗NG ひじが曲がりすぎて、腕の動きが小さい。

✗NG 顔が前を向いているので、体がしずみやすい。

✗NG 指先まで力が入りすぎている。

● 陸上で腕を動かす

いきなり水中で腕を動かそうとしてもむずかしいので、まず陸上で腕を動かすことから始めましょう。

腕の動きの感覚をつかむ

横

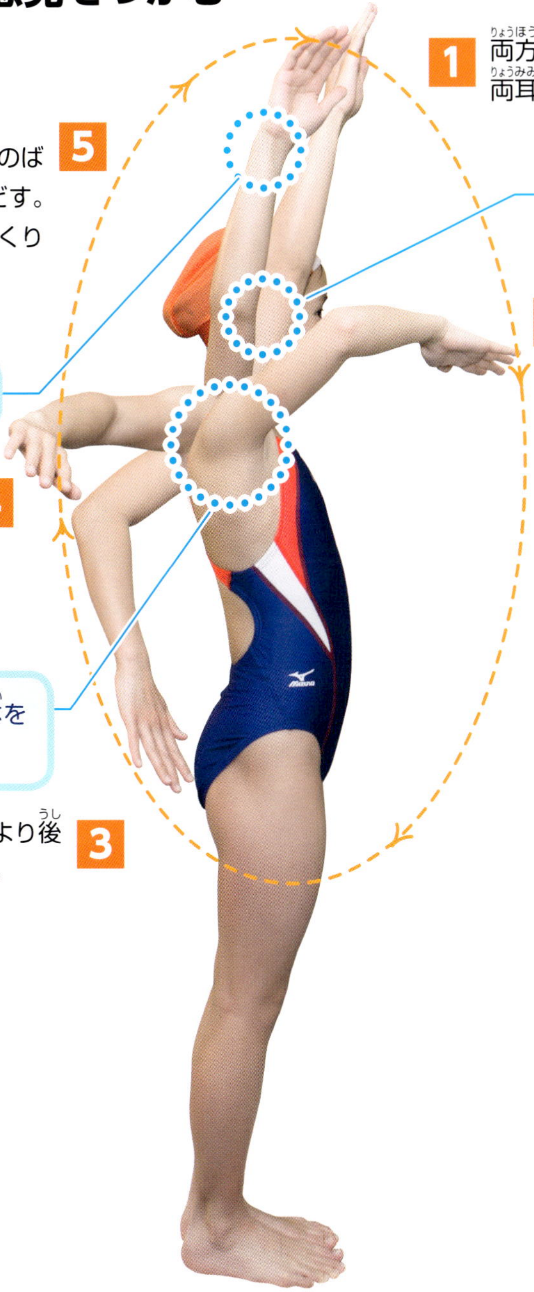

回してきた腕を上にのばし、最初の状態にもどす。1〜5を左右交互にくり返して行う。

コツ 手首を曲げない。

4 太ももをこえたら、上に向かって腕を大きく回していく。

コツ 肩を中心に腕全体を大きく回す。

3 腕を太ももより後ろまで回す。

1 両方の手の親指がふれるくらいにかさねて、両耳を両腕ではさみ、まっすぐ上にのばす。

コツ 両腕で耳をはさみ、しっかりのばす。

2 片方の腕はのばしたまま、もう片方の腕を、軽くひじを曲げながら、太ももに向けて回していく。手のひらが、いつも水をおす方向（この練習では下）を向くようにする。

正面

肩のつけ根から大きな円をえがくようなイメージで、腕を回す。❶〜❿の順で左右交互に続ける。

水中で腕を動かす

腕の使い方がわかったら、水中でチャレンジしましょう。水中は水圧があり、腕を回すのがたいへんですが、陸上で練習したときと同じように腕を大きく回しましょう。

ステップ1　静止した状態で、腕を動かすことになれる

❶プールサイドのふちに両手をのせる。顔を水面につけたら、両腕をまっすぐのばす。

コツ かくのに合わせて体も左右に軽くひねるとやりやすい。

❷片手をプールサイドにのせたまま、もう片方の腕で水を後ろにおすようにして、かき分けていく。

コツ 水から出た腕は軽くのばす。

❸後ろまで水をかき分けたら腕を水から出して、大きく前に回していく。

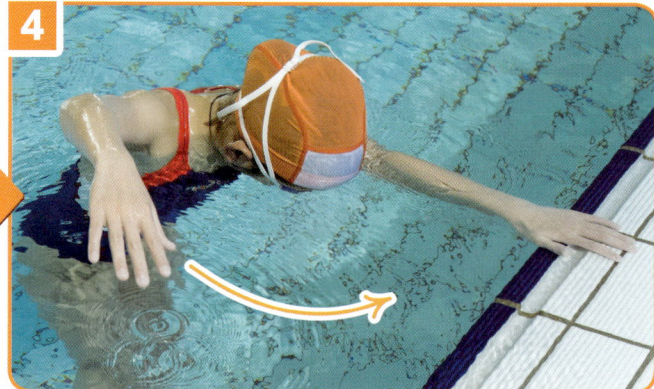

❹回した腕を再びプールサイドにもどす。❷～❹の動作を左右交互にくり返す。

ステップ2　歩きながら腕を動かす感覚をつかむ

コツ プールの底を見る。

注意 息が苦しくなったら、止まって顔を上げ、息をすう。

❶顔を水面につけて、両手をまっすぐ前にのばす。

❷片方の腕で水を後ろにおすようにしてかき分ける。かき分け始めると同時に、水中を歩き始める。

❸片方の腕を後ろまでかき分けたら、水から出して大きく回し、前にもどす。❷～❸の動作を左右交互にくり返す。

第3章　クロール

ステップ3　浮いた状態で、腕を動かす感覚をつかむ

1

❶ビート板の手前に両手をのせる。顔を水面につけたら両手をのばし、ばた足をする。

2

❷片方の腕で、水を後ろに向けてかき分ける。

3

❸かき切った腕を水から出して大きく前に回したら、ふたたびビート板に手をもどす。❷〜❸の動作を左右交互にくり返す。息が苦しくなったら、立ち止まって息をすう。

レベルアップ

クロールで最初に教わるのは、両手を一度前方でかさねてから、腕を回して進むやり方です。ただし、クロールは腕を回すタイミングによって、スピードなどにちがいが出てきます。両手をいったん前でかさねてから回す方法になれたら、だんだんと速く泳げるタイミングで練習しましょう。

基本のタイミング

片方の手が水にもどろうとするときに、もう一方の手で水をかき分け始める。

速く泳げるタイミング

片方の手の位置が肩をこえたときに、もう一方の手で水をかき分け始める。

35

ばた足と腕の動きを合わせて進む

ばた足と腕の動きを組み合わせてみましょう。
ばた足と腕のどちらか一方が止まると、スムーズに進むことができません。

● 面かぶりクロールで進む

面かぶりクロールとは、息継ぎをせずに泳ぐクロールのことです。腕の動きとばた足を組み合わせて進む練習として、面かぶりクロールは有効です。ここでは、右腕からかき始める形を説明します。

1

❶けのびをする。けのびのスピードが少し落ちたらばた足を始める。

コツ 両手は前にまっすぐのばす。

2

❷ばた足を6回ほどしたら、片方の腕（ここでは左腕）をのばしたまま、もう一方の腕（右腕）で水を後ろにかき始める。右腕のひじを軽く曲げ、水を後ろにおし出すようなイメージでかき分けていく。

コツ ばた足は続ける。

3

❸右腕で水をかき切ったら、水中から出す。

コツ もものつけ根くらいまでしっかりとかく。

第3章 クロール

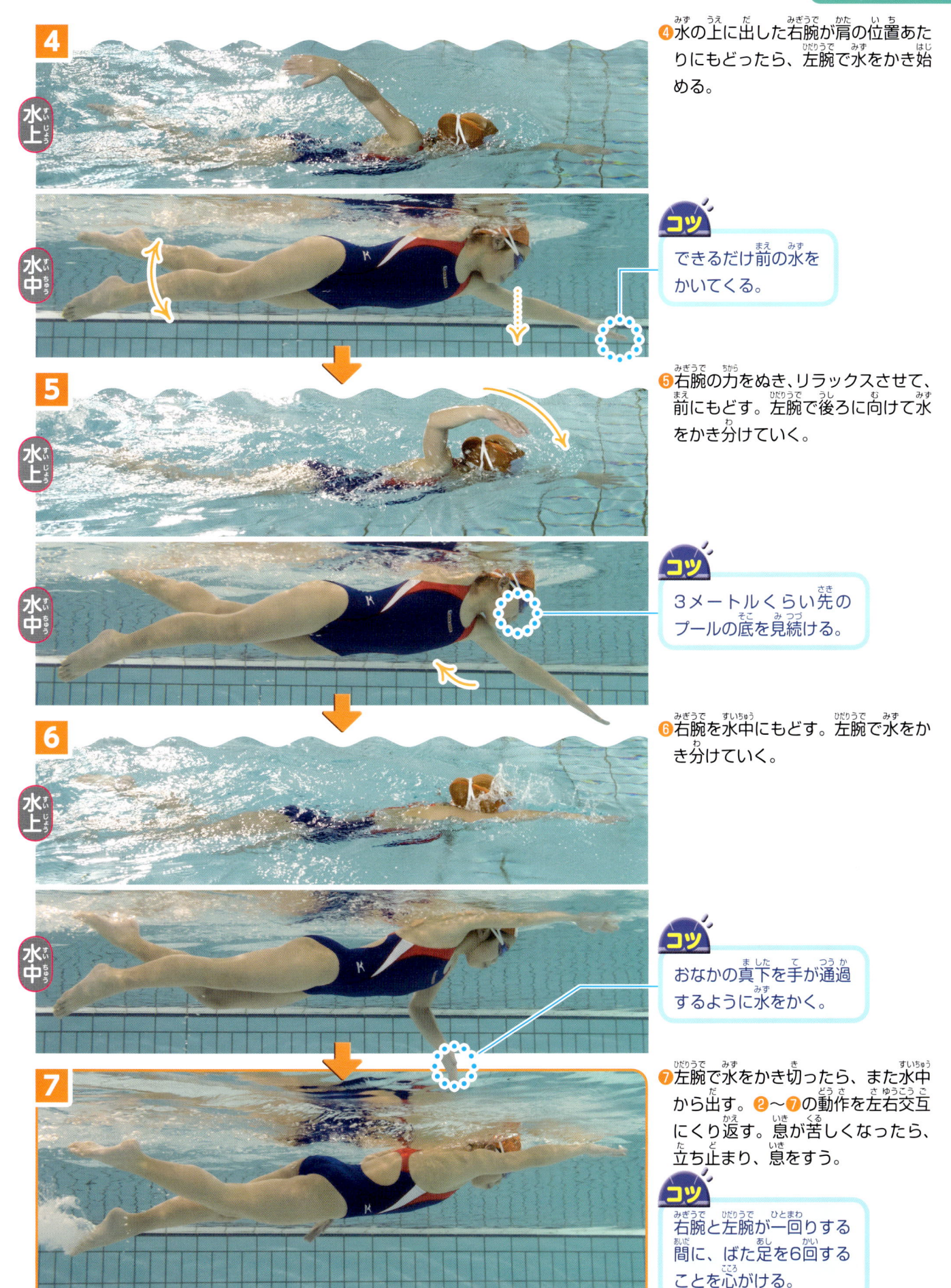

4

水上

水中

❹水の上に出した右腕が肩の位置あたりにもどったら、左腕で水をかき始める。

コツ
できるだけ前の水をかいてくる。

5

水上

水中

❺右腕の力をぬき、リラックスさせて、前にもどす。左腕で後ろに向けて水をかき分けていく。

コツ
3メートルくらい先のプールの底を見続ける。

6

水上

水中

❻右腕を水中にもどす。左腕で水をかき分けていく。

コツ
おなかの真下を手が通過するように水をかく。

7

❼左腕で水をかき切ったら、また水中から出す。❷〜❼の動作を左右交互にくり返す。息が苦しくなったら、立ち止まり、息をすう。

コツ
右腕と左腕が一回りする間に、ばた足を6回することを心がける。

クロールの息継ぎ

息継ぎをすることで、面かぶりクロールより、さらに長いきょりを泳げるようになります。
13ページで練習した水中での呼吸を思い出しながら、やってみましょう。

クロールの息継ぎ

息継ぎは、長いきょりを泳ぐためにかかせない技術です。正しい息継ぎのやり方を身につけておきましょう。

⭕ 正しいやり方

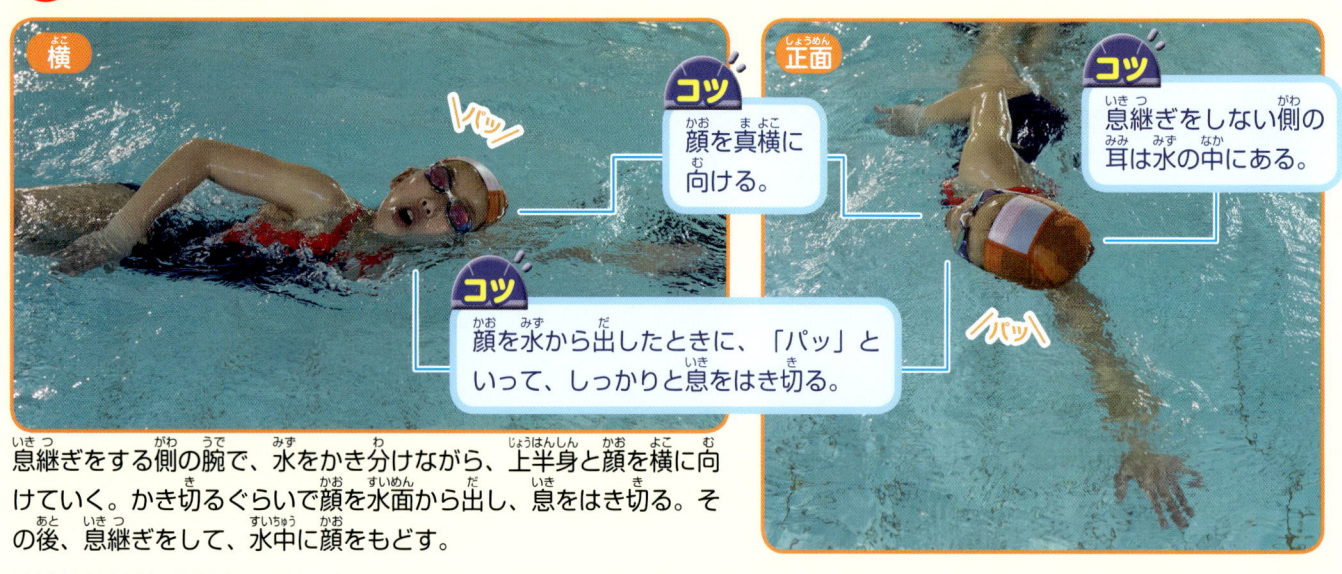

横

コツ
顔を真横に向ける。

コツ
顔を水から出したときに、「パッ」といって、しっかりと息をはき切る。

バッ

正面

コツ
息継ぎをしない側の耳は水の中にある。

パッ

息継ぎをする側の腕で、水をかき分けながら、上半身と顔を横に向けていく。かき切るぐらいで顔を水面から出し、息をはき切る。その後、息継ぎをして、水中に顔をもどす。

❌ 悪いやり方

横

❌NG
顔が前を向いて両耳が水から出ている。

正面

❌NG
前の腕がのびていない。

第3章 クロール

息継ぎの感覚をつかむ

泳ぎながら顔と上半身を真横に向けて息継ぎをしようとしても、なれないうちは、おぼれるのではないかという恐怖心から、顔を前に上げてしまいがちです。まずは、立った状態で息継ぎのやり方を練習しましょう。

ステップ1 静止した状態で、息継ぎになれる

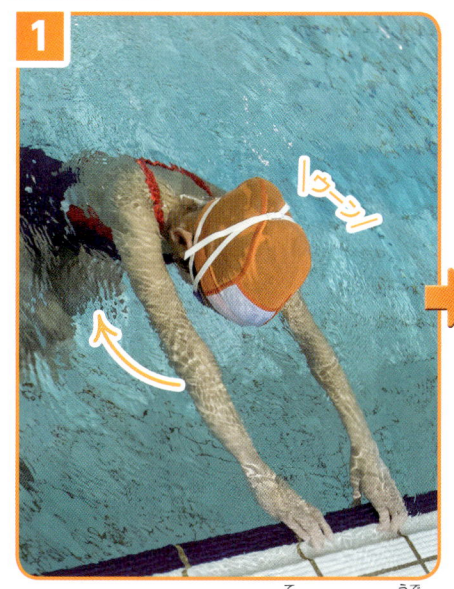

コツ 耳をプールサイドのふちにかけている腕につける。

コツ 「パッ」といって息をはき切る。

❶ プールサイドのふちに手をのせ、腕をまっすぐのばしたら、水面に顔をつける。鼻から息をはき出しつつ、息継ぎをする側の腕で後ろに向けてかき始める。

❷ 水をかき分けながら、顔を横に向けていく。腕が水をかき切るぐらいのタイミングで、完全に横向きになって、息継ぎをする。

❸ 水から出た腕を前にもどすのに合わせて、顔を水中にもどす。右か左、自分が息継ぎをしやすい側だけ、❷〜❸の動作をくり返す。

ステップ2 歩きながら、息継ぎの感覚をつかむ

コツ 息継ぎをするときに止まらない。

❶ 肩まで水につかり、腕を前にのばしたら、水面に顔をつける。鼻から息をはき出しながら、片腕で水をかき始めると同時に歩き始める。

❷ 水をかき分けながら顔を横に向けていき、腕が水をかき切るぐらいで息継ぎをする。

❸ 水から出た腕を前にもどすのに合わせて、顔を水中にもどす。息継ぎをする側だけ、❷〜❸の動作をくり返す。

ステップ3 手のひとかきと、息継ぎのタイミングを合わせる

1
①けのびをした後、ばた足を始める。

2
> コツ
> 手のひらを後ろに向ける。

②ばた足を6回したら、息継ぎをする側の腕を後ろに向け、水をかき始める。かき始めたのと同時に、「ウーン」と息もはき出す。顔と上半身を横に向けていく。

3
> コツ
> 前の腕をのばし、耳はかならず腕につけたままにする。

③手で水をかく勢いを利用して、体ごと半回転させて天井（屋外プールなら空）に向きながら、息継ぎをする。

4
> コツ
> かき分けた腕の力をぬく。

④かき分けた腕は腰のあたりに置いておき、のばしていた腕はそのまま前にのばして、あお向けになる。あお向けになったら、ばた足を6回する。

第3章 クロール

ステップ4 ビート板を使って、息継ぎをくり返す

1

❶両手でビート板の手前を持ち、けのびをして浮いたら、ばた足を始める。

コツ
軽くのせるイメージでビート板を持つ。

2

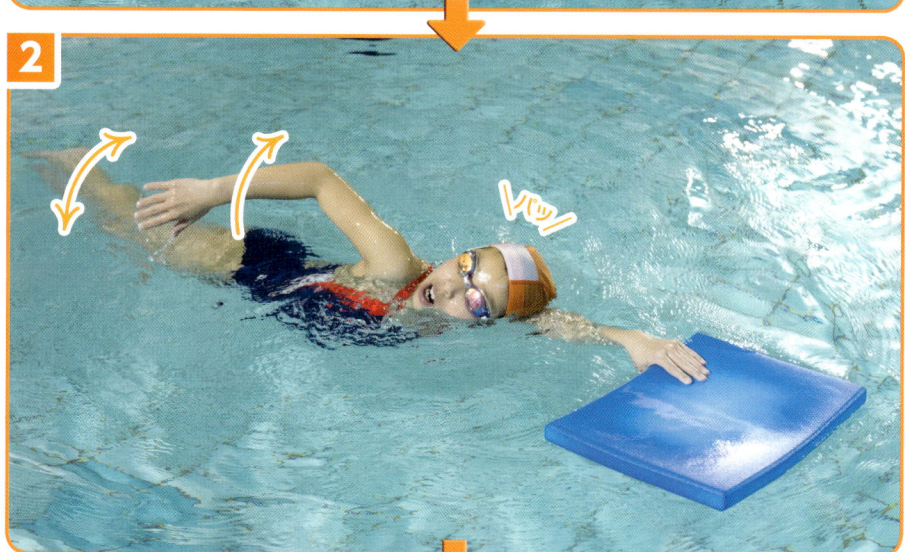

❷息継ぎをする側の腕で水を後ろにかき分けながら、息をはき始めるとともに、顔を横に向けていく。かき切るぐらいで、息をはき切ったら息継ぎをする。

3

❸水から出た腕を、大きく前に回す。腕を前にもどすのに合わせて、顔も水中にもどす。息継ぎをする側だけ、❷〜❸の動作をくり返す。

コツ
❷〜❸の動きをしている間、ばた足を止めない。

水泳Q&A 息はいつはき出したらいいの？

息継ぎをした後、すった息はいつはき始めればいいのでしょうか。

空気をためた肺は浮き袋なので、息をすって止めておくと、体が浮きやすくなります。そのため、少しでも速く泳ぐために、息をすったらいったん止めて、顔を出す直前に一気にはき出す選手もいます。ただし息を止めると力みやすくなり、初心者は息をはくことを忘れがちになるので、上達してからチャレンジしましょう。

意識しなくても息継ぎができるようになるまでは、腕をかき始めたら息をゆっくりとはき始め、顔が水から出たら息をはき切るといいでしょう。

クロールで進む

最後にクロールで進んでみましょう。これまでの練習ができていれば、うまく泳げるはずです。最初は短いきょりから始め、なれたら1回に泳ぐきょりをだんだんのばしていきましょう。

● クロールで25メートル進む

これまでのコツをふまえて、クロールにチャレンジしてみましょう。

1 水上／水中

❶けのびをする。少しスピードが落ちてきたら、ばた足を始める。ばた足を始めたら、息継ぎをする側の腕（ここでは右腕）をのばしておく。息継ぎをしない側の腕（左腕）で、後ろに向けて水をかき分けていく。

コツ 息継ぎをするとき以外は、3メートルくらい先のプールの底を見る。（→32、37ページ）

2 水上／水中

❷左腕で水をかき切ったら、水中から出して前方に大きく回していく。右腕をリラックスさせて、しっかりのばしておく。クロールをしている間、ばた足を、つねにリズミカルに続ける。

コツ ひじをしっかりとのばし、指の力をぬいて、軽く開く。

第3章 クロール

水上
水中

3 ❸左腕が肩のあたりをこえたら、右腕で、水をかき始めつつ、「ウーン」といいながら息をはき出し始める。右腕で後ろに向けて、水をおすようにしてかき分けていく。

コツ
ばた足を止めない。

4 ❹右腕で水をかき分けていくのに合わせて、上半身と顔も少しずつ横に向けていく。

コツ
顔と上半身をしっかり真横に向ける。（→38ページ）

5 ❺右腕で水をかき切るのとほぼ同時に、息継ぎをする。なれないうちは、上半身が少し上を向くくらい、体を回してもよい。

コツ
息継ぎをしている間も、上半身をしっかりと横に向けておくと、顔が出しやすい。

43

6

水上

水中

❻右腕が肩のあたりをこえたら、左腕で、水をかき始める。

コツ
おなかの真下を手が通過するように水をかく。（→37ページ）

7

水上

水中

❼右腕を水中にもどす。左腕で水をかき分ける。❷〜❼の動作をくり返す。うまくなったら、反対側で息継ぎができるかをためしてみる。

コツ
指先（親指から）から水中にもどす。（→32ページ）

レベルアップ

クロールをさらに速く泳ぐには、次のポイントを特に意識することが大切です。

水をかき分けるときに、軽くひじを曲げる。

息継ぎのときに、のばしているほうの腕、顔、反対の肩が一直線になるようにする。

第4章
平泳ぎ

平泳ぎは、両手で水平に水をかき分けて、足の裏で水をけって進む泳ぎ方です。足の裏で水をけったり、前に顔を上げて息継ぎをしたりするなど、今までしたことのない動きが出てきます。足や腕の使い方、息継ぎのしかたをしっかり身につけましょう。

平泳ぎの足の使い方

競泳の平泳ぎには、足の甲で水をけってはいけないという決まりがあるので、足の裏で水をけらなくてはいけません。足の裏で水をけるにはどうすればよいのでしょうか。

平泳ぎの足の動き

クロールとちがって、平泳ぎでは足の裏や土ふまずで思いきり水をおし出すようにしてけります。

○ 正しいやり方

後ろ

コツ　引きつけた足の親指を、外側に向け、足の裏を真上に向ける。

真上

コツ　足の裏で、細長い円をえがくようにして水をける。

① 両足をのばした状態から、ひざと足首を曲げ、かかとをおしりに引きつける。

② 引きつけた足の裏で、水を後ろにおし出すようにしてける。け り終えたら、足をそろえた状態にもどす。

× 悪いやり方

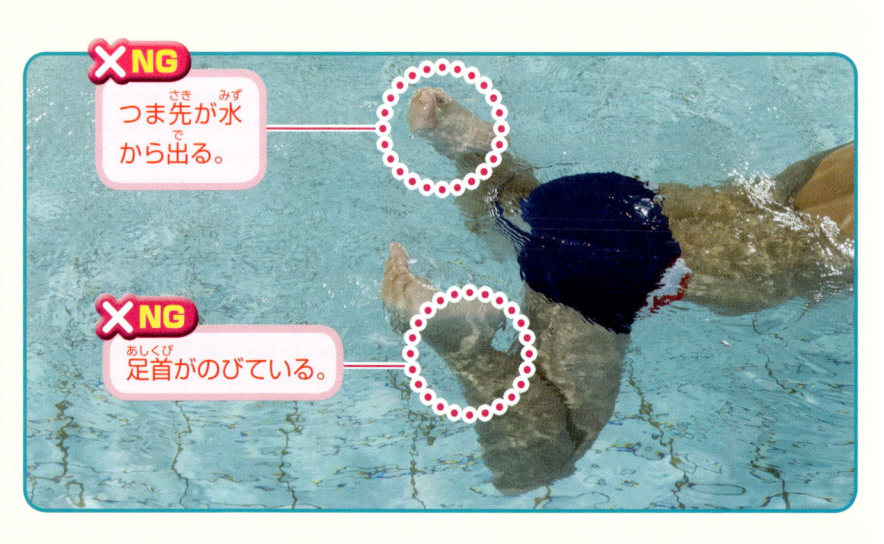

×NG　引きつけた足の親指が上を向く。

×NG　つま先が水から出る。

×NG　足首がのびている。

46

第4章 平泳ぎ

● 足の動きを身につける

平泳ぎの足の動きになれていないうちに、いきなり水の中でそれをやろうとすると、ばた足になるおそれがあります。陸上から水中へと段階をふんで、足の裏で水をける感覚になれましょう。

ステップ1 陸上で、足の動きになれる

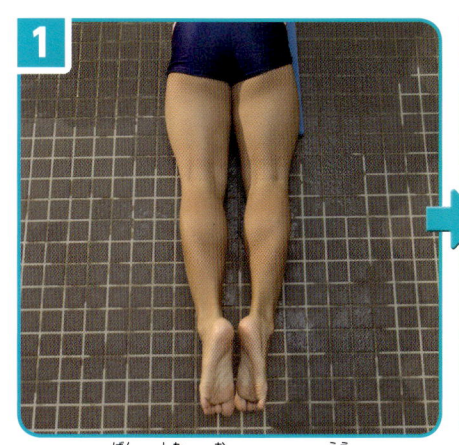

1 ❶ビート板を下に置き、その上にうつ伏せになったら、足をそろえてまっすぐにのばす。

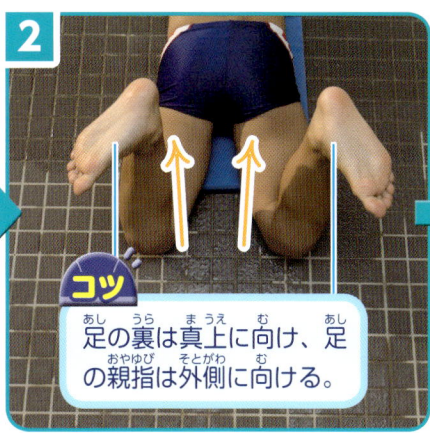

2 ❷ひざと足首を曲げ、かかとをおしりに引きつけていく。

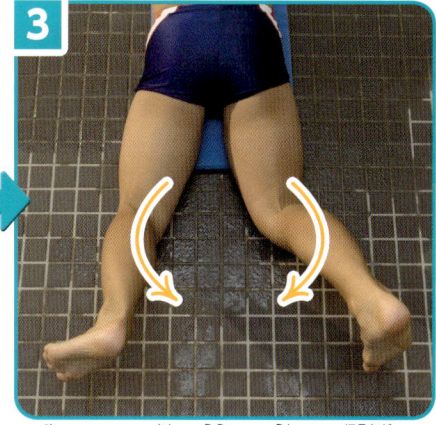

コツ：足の裏は真上に向け、足の親指は外側に向ける。

3 ❸引きつけた足の裏で、後ろに細長い円をえがくようにしてけり出す。

ステップ2 すわった状態で、足の裏を使って水をける感覚をつかむ

1 ❶プールサイドに浅くすわり、足をそろえてまっすぐのばす。

コツ：ひじをしっかりのばして、体を支える。

2 ❷足首を曲げたら、そのまま足のかかとをプールの壁に向けて引きつける。

コツ：ひざをおなかに引きつけすぎない。

3 ❸引きつけた足の親指を外側に向け、足の裏で水をおし出すようにしてける。

コツ：細長い円をえがくようにしてけり出す。

4 ❹ひざがのびると同時に、両足をまっすぐにそろえて、水をしっかりとける。❷～❹の動作をくり返す。

47

ステップ3 うつ伏せの状態で、足を動かす感覚をつかむ

1 ❶プールサイドのふちに、おへそがくるようにして、腹ばいになる。その後、足をそろえてまっすぐにのばす。

2 ❷ひざと足首を曲げ、かかとをおしりに引きつける。

> **コツ** 足の裏を真上に、親指を外に向ける。

3 ❸足の裏で水をおし出すようにして後ろにける。

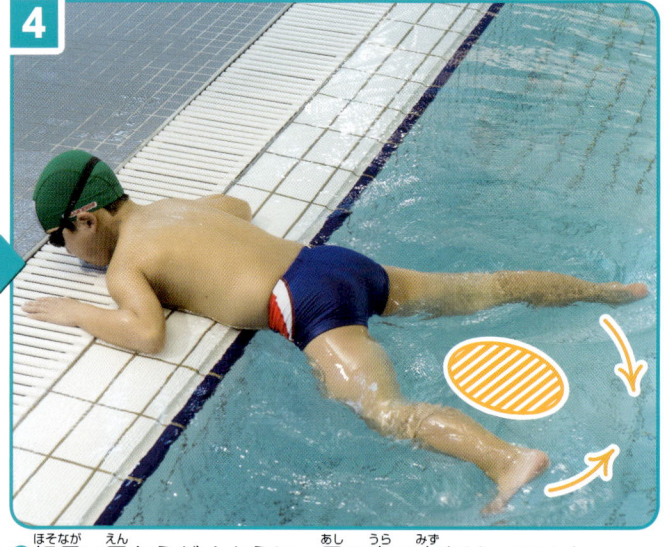

> **コツ** 足でけるとともに、足の裏をだんだん後ろに向けていく。

4 ❹細長い円をえがくように、足の裏で水をけっていく。

5 ❺ひざがのび切ったと同時に、両足をまっすぐにそろえる。

> **コツ** 太ももで一気に水をはさみこむようにして、足をそろえる。

6 ❻両足をそろえてまっすぐにのばしたら、止まった状態を保つ。❷〜❻の動作をくり返す。

> **コツ** 両足をそろえたら、頭の中で「1、2」と数える。

> **コツ** つま先までしっかりのばす。

48

第4章 平泳ぎ

やってみよう！

水を足のどの部分でけるのかを意識するには、次のような練習をするといいでしょう。

水中に立って、ばた足と平泳ぎの足を交互に行う

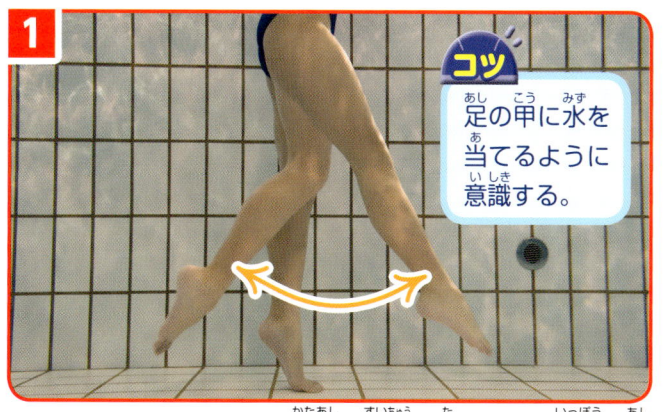

1

コツ: 足の甲に水を当てるように意識する。

❶プールサイドをつかみ、片足で水中に立つ。もう一方の足のつま先をのばして、前後にばた足を6回する。

2

コツ: 足の裏で水をふみつけるイメージで足を動かす。

❷ばた足をした側の足首を曲げたら、かかとでプールの底に向けて水をおし出すように、円をえがく。この動きを6回する。

ビート板をつかみ、軽く足を曲げて泳ぐ

1

コツ: ひざをあまり曲げずに、足首を曲げることを意識する。

❶ビート板の向こう側をつかみ、ひざと足首を曲げ、おしりにかかとを軽く引きつける。

2

❷足の裏で、水をおし出すようにしてける。

水泳QアンドA　なぜ平泳ぎは速く進むことができないの？

近代四泳法（→60ページ）では、クロールがいちばん速く、次がバタフライ、背泳ぎと続きます。平泳ぎはその中でいちばんおそい泳ぎ方ですが、それはなぜでしょう。

平泳ぎはルールとして、スタートとターンの一かきをのぞいて、両手を後ろまでかくことができません。腕で生み出せる推進力（前に進む力）が少なく、かつ水中で手をもどすときに大きな抵抗が生まれてしまいます。また息継ぎでは、顔をまっすぐ前に向けて上げるので、上半身がななめになって、腕のかきで生み出したスピードが落ちてしまいます。水を足でける力は、1回だけならほかの種目より強力です。しかし、強力なキックを生み出すための足の引きつけが、とても大きな抵抗となり、一瞬止まるほどです。

抵抗が特に大きくなる、呼吸と足の引きつけをできるだけ短くするように、みなさんも工夫して泳いでみましょう。

平泳ぎの腕と息継ぎのやり方

平泳ぎはクロールとはちがって腕を前方で水平に動かし、顔を前に上げて息継ぎをします。

平泳ぎの腕の動きと息継ぎ

平泳ぎは、胸のあたりで逆のハート形をえがくようにして、腕が動いている間に息継ぎを行います。

○ 正しいやり方

1 正面/水中 — 横/水上

❶ 両手をまっすぐ前にのばす。5メートルくらい先のプールの底を見る。

2 水中 — 水上

コツ：両腕を外側に90度程度になるまで広げたら、水をかき分ける。

コツ：息をしっかりはき出す。

❷ 顔を前に向け、のばしている腕を外側に広げ、水をかき始める。

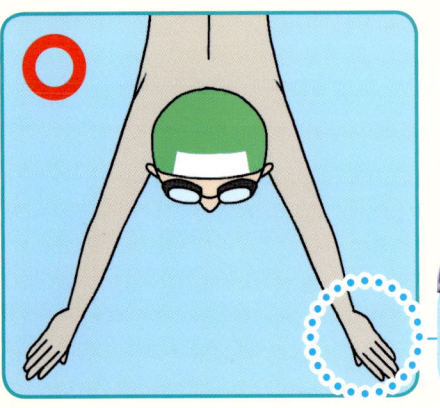

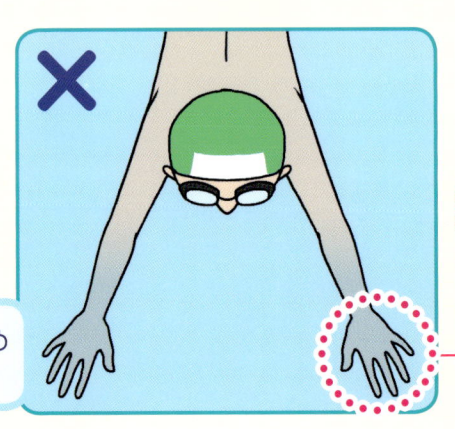

○ **コツ**：手のひらをななめ外に向ける。

× **NG**：手のひらが下向きで、プールの底に向けて水をかいている。

50

第4章　平泳ぎ

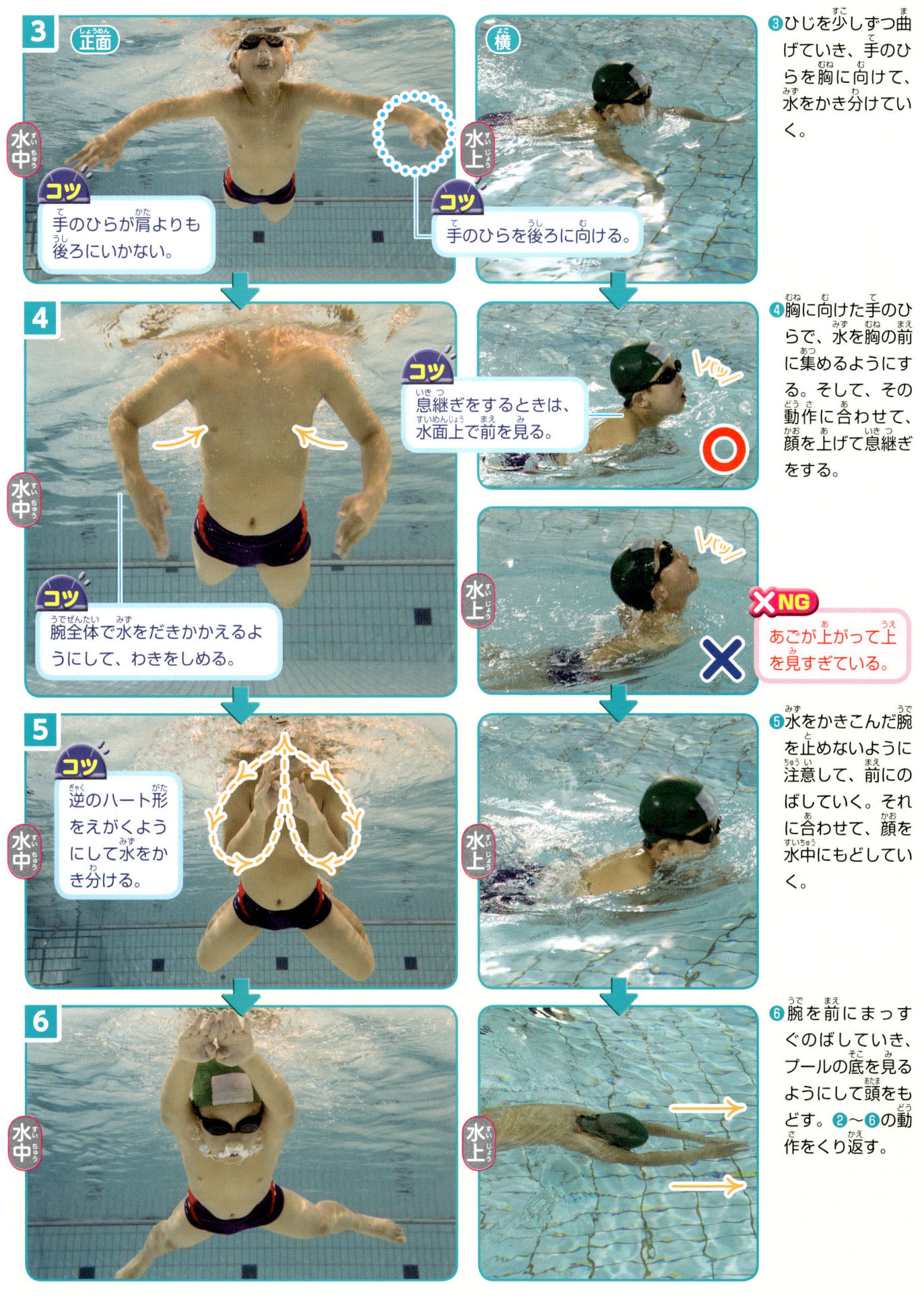

3 正面／横
- コツ：手のひらが肩よりも後ろにいかない。
- コツ：手のひらを後ろに向ける。

❸ひじを少しずつ曲げていき、手のひらを胸に向けて、水をかき分けていく。

4
- コツ：息継ぎをするときは、水面上で前を見る。
- コツ：腕全体で水をだきかかえるようにして、わきをしめる。
- ❌NG あごが上がって上を見すぎている。

❹胸に向けた手のひらで、水を胸の前に集めるようにする。そして、その動作に合わせて、顔を上げて息継ぎをする。

5
- コツ：逆のハート形をえがくようにして水をかき分ける。

❺水をかきこんだ腕を止めないように注意して、前にのばしていく。それに合わせて、顔を水中にもどしていく。

6

❻腕を前にまっすぐのばしていき、プールの底を見るようにして頭をもどす。❷〜❻の動作をくり返す。

● 腕の動きと息継ぎを合わせる

実際に腕の動きと息継ぎのタイミングを合わせてみましょう。両手で水をだきかかえるようにして、わきをしめるときに息継ぎをします。陸上でなれたら、水中でやってみましょう。

ステップ1 陸上で、腕と息継ぎのタイミングをつかむ

1 前を向いたら両腕で耳をはさみ、腕を上にまっすぐのばす。

2 手のひらをななめ外側に向けて、顔を上に向けたら、手を回していく。

3 ひじを少しずつ曲げ、手のひらをゆっくりと胸に向けて回していく。

4 手が胸のあたりにきたら、両ひじをそろえるようにして顔の前を通過させる。

5 まっすぐ腕を上にのばす。腕を上にのばすと同時に、顔を前に向ける。

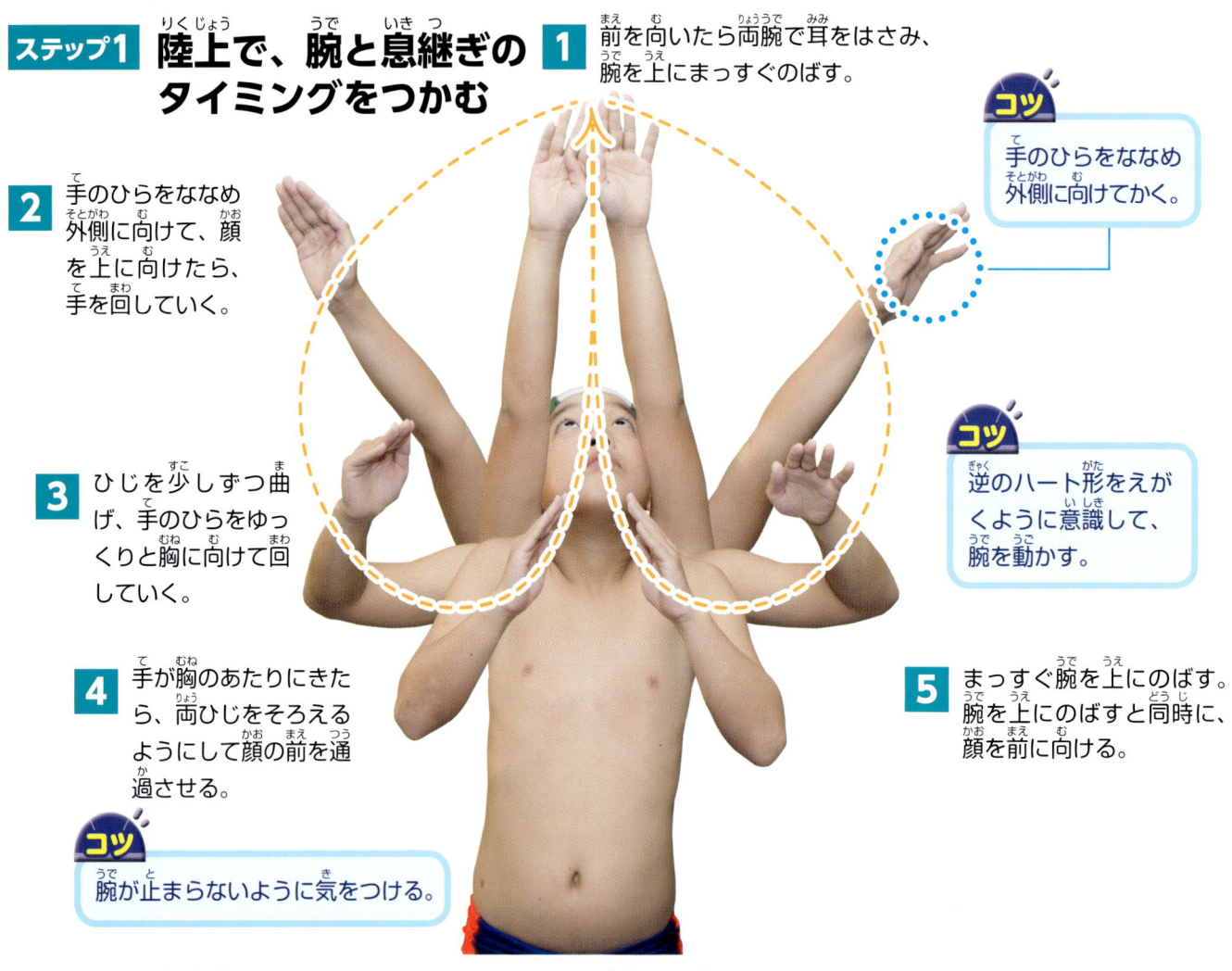

コツ 手のひらをななめ外側に向けてかく。

コツ 逆のハート形をえがくように意識して、腕を動かす。

コツ 腕が止まらないように気をつける。

ステップ2 水中でジャンプしながら、腕と息継ぎのタイミングをつかむ

❶ 両手をそろえて、両腕をまっすぐ前にのばしたらもぐる。視線を前に向けたまま、前方にある水を、胸に向けてかき分けていく。

❷ 軽くジャンプをしながら、両腕で水を胸にだきかかえるようにして、わきをしめる動きに合わせて、顔を上げて息継ぎをする。

❸ 息継ぎをしたら、すばやく腕を前にのばし、それに合わせて顔を水中にもどす。❶〜❸の動作をくり返す。

第4章 平泳ぎ

ステップ3 浮いた状態で、腕と息継ぎのタイミングをつかむ

1

コツ：5メートルくらい先のプールの底を見る。

❶ビート板を足にはさんで、けのびの状態で浮く。

2

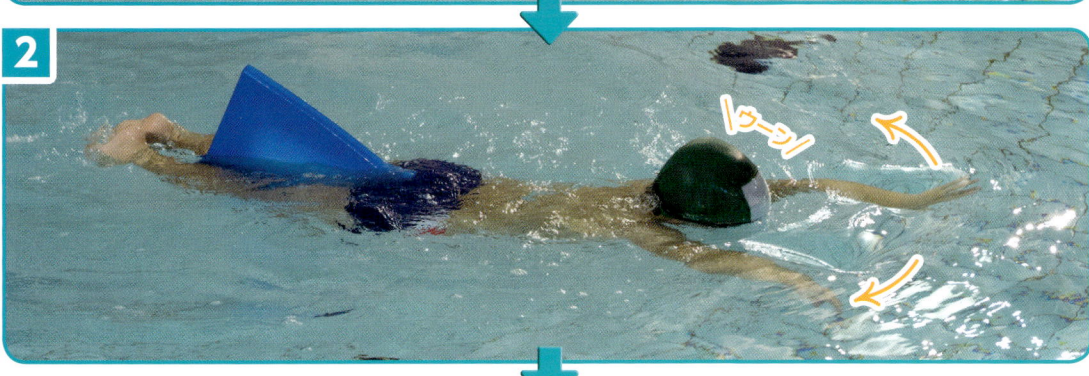

ターン

❷前を向いたら、両手を外側に開き始める。息をはき出し、顔をさらに前に向ける。

3

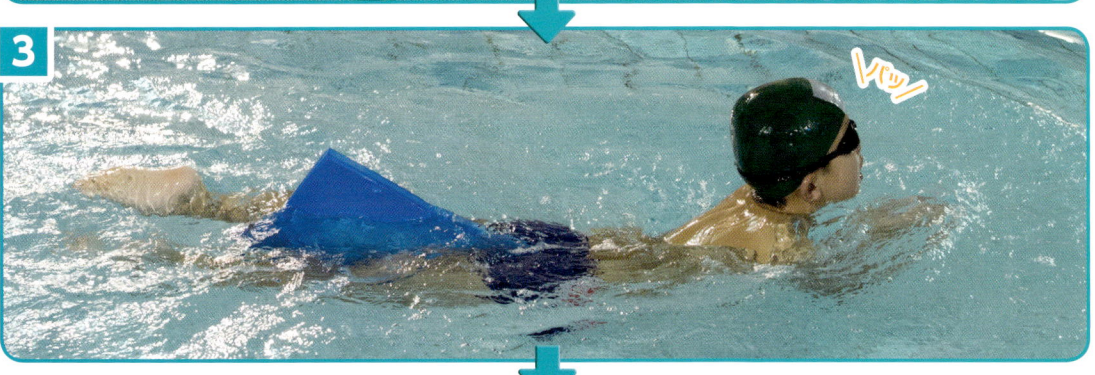

パッ

❸ひじを曲げ、両手の手のひらを胸に向けてかく。水をかかえこむようにしてわきをしめると同時に、息継ぎをする。

4

❹息継ぎをしたら、できるだけ速く両手を前にのばし、プールの底に視線をもどす。

水泳QアンドA　平泳ぎで楽に息継ぎをするには、どうしたらいいの？

平泳ぎとバタフライは、息継ぎの際に頭を上下に動かす必要があります。息をすうことが不安だと、つい顔を高く上げてしまいます。ところが顔を高く上げれば上げるほど、その反動で顔は深くもぐって、次に水面に浮き上がるまでに時間がかかるので、苦しくなってしまいます。

平泳ぎで楽に長いきょりを泳ぐには、息継ぎのとき、必要以上に顔を水から出さないことが大事です。呼吸は口が水から出ていれば十分です。手で水を大きくかきすぎると、顔が水から高く上がりやすくなるので、顔を上げすぎないように、できるだけ小さく、軽く手で水をかきましょう。

平泳ぎの腕・息継ぎ・足のタイミング

平泳ぎは、息継ぎを腕や足と合わせようとすると、タイミングがバラバラになってしまいがちです。3つの動作の正しいタイミングを身につけましょう。

平泳ぎの腕・息継ぎ・足の流れ

腕の動きと息継ぎのタイミングが合っていても、足と連動しないとうまく泳げません。腕で水をかき、息継ぎをして、足でけり出すという順番で動かすと、スムーズに泳ぐことができます。

○ 正しいやり方

コツ：軽く足を曲げ始める。

❶ けのびの状態から顔を前に向けたら、両腕で水を外に向けてかき分けていく。

❷ 両手で胸に向けて水をかく。胸に水をだきかかえるようにわきをしめる。顔を上げて息継ぎをしたら、すばやく足を引きつける。

❸ すばやく両腕を前にのばし、顔を水中にもどし、引きつけた足の裏で水をけり出す。

✕ 悪いやり方

✕NG 息継ぎと足の引きつけが同時になり、体がそるのでしずむ。

✕NG 腕の動きが止まっているので、体がしずむ。

✕NG 足をけり出すのが遅いので、しずむ。

第4章 平泳ぎ

●足の動きと息継ぎを合わせる

手、息継ぎ、足の動きを一度にやろうとすると混乱してしまいます。ここでは足と息継ぎのタイミングを合わせる練習をしましょう。

ビート板を使う

1 ❶両腕でビート板の手前側を持ち、水面に顔をつけたら、けのびをする。

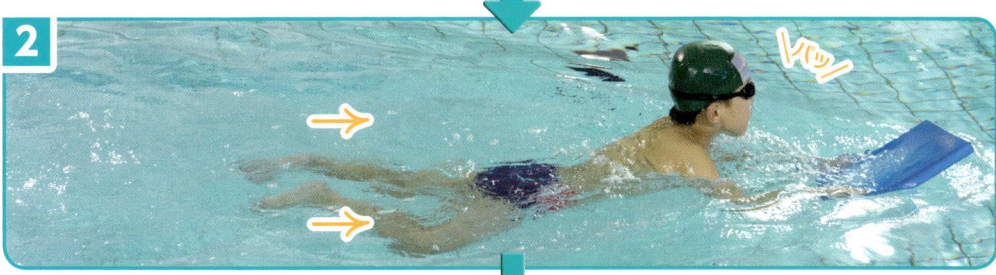

2 ❷顔を上げて息継ぎをしたら、すばやく足を引きつける。

> **コツ**
> あごが水面につく高さで息継ぎをする。

3 ❸足の裏で水をおし出すようにしてけりながら、顔を水中にもどす。

4 ❹両ひざがのびたら、すぐに足をそろえた状態にもどし、けのびの状態にもどる。けのびの状態で「1、2」と数えて、足でけった力で進む。

水泳QアンドA 頭を上げたまま泳ぐとたいへんなのは、どうして？

ダルマ浮きがうまくできているときは、浮く力としずむ力がつり合った状態です。でも、頭を出して泳ぐと、頭の重さの分だけしずむ力が大きくなります。そうすると、泳ぎながら、前に進む力の一部を、頭を持ち上げる力に使わなくてはいけないので、それだけ進みにくくなります。頭の重さは、大人で体重の1割程度といわれます。つまり体重50キログラムの人が頭を上げて泳ぐと、5キログラムの重りを背負って泳ぐことになるのです。

子どもは大人にくらべると、体の割に頭が大きいといわれています。また、筋力も弱くて強い力を出せないので、頭を出して泳ぐのは大人以上にたいへんなはずです。みなさんもふつうに泳いだときと、顔を出して泳いだときをくらべてみましょう。

平泳ぎで進む

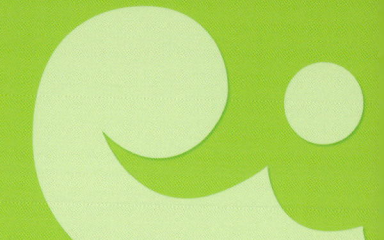

手足と息継ぎのタイミングもわかったら、さっそく平泳ぎに挑戦してみましょう。
あせって手足を動かすのではなく、大きくゆったりと動かすことが大切です。

平泳ぎで25メートル進む

平泳ぎの動きを水上と水中から見てみると、手でかき分けて、息継ぎをしたら、すばやく足を引きつけてけり出すという一連の動きがよくわかります。平泳ぎの動きを見てみましょう。

1 横／前／後ろ／水上／水中

コツ 足はまっすぐにのばす。

コツ かき始めるときは前を見る。

❶ 壁をけり、けのびの状態になったら、両腕を外側に開き、水をかき始める。

2 水上／水中

コツ 手のひらを後ろに向ける。（→51ページ）

❷ 両腕の角度が90度くらいになるまで、外側へ水をかき分ける。

第4章 平泳ぎ

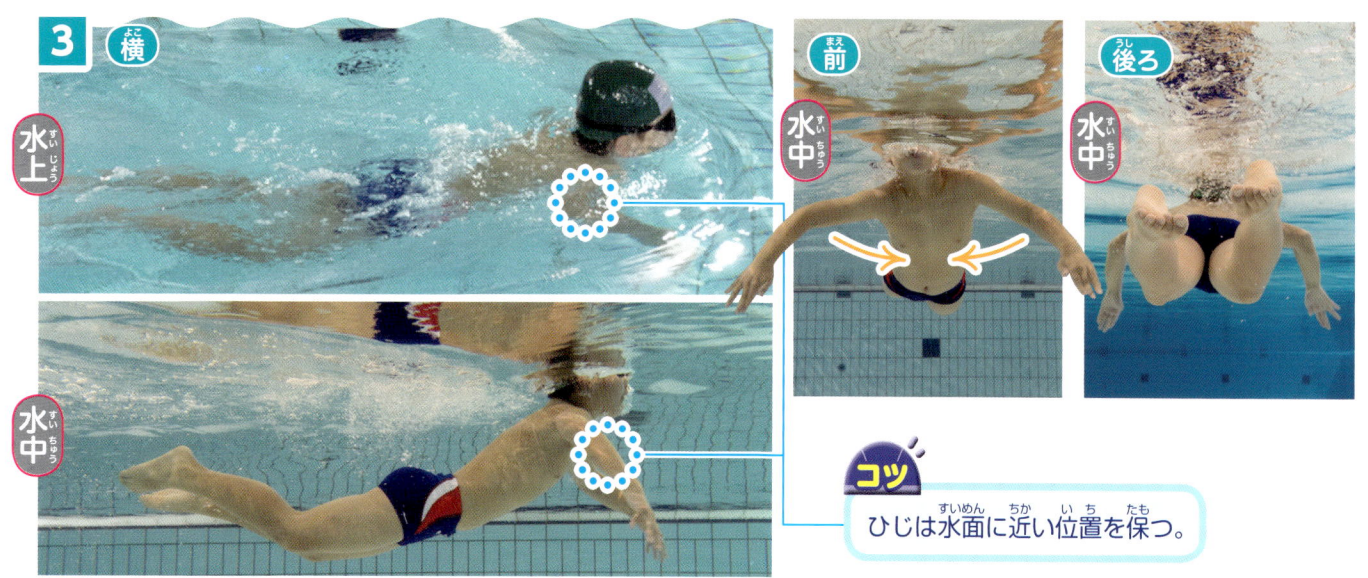

3 横

コツ ひじは水面に近い位置を保つ。

❸両腕で胸の前に水をだきかかえるようにして、わきをしめる。ひざを曲げ、かかとをおしりに少しずつ引きつけ始める。

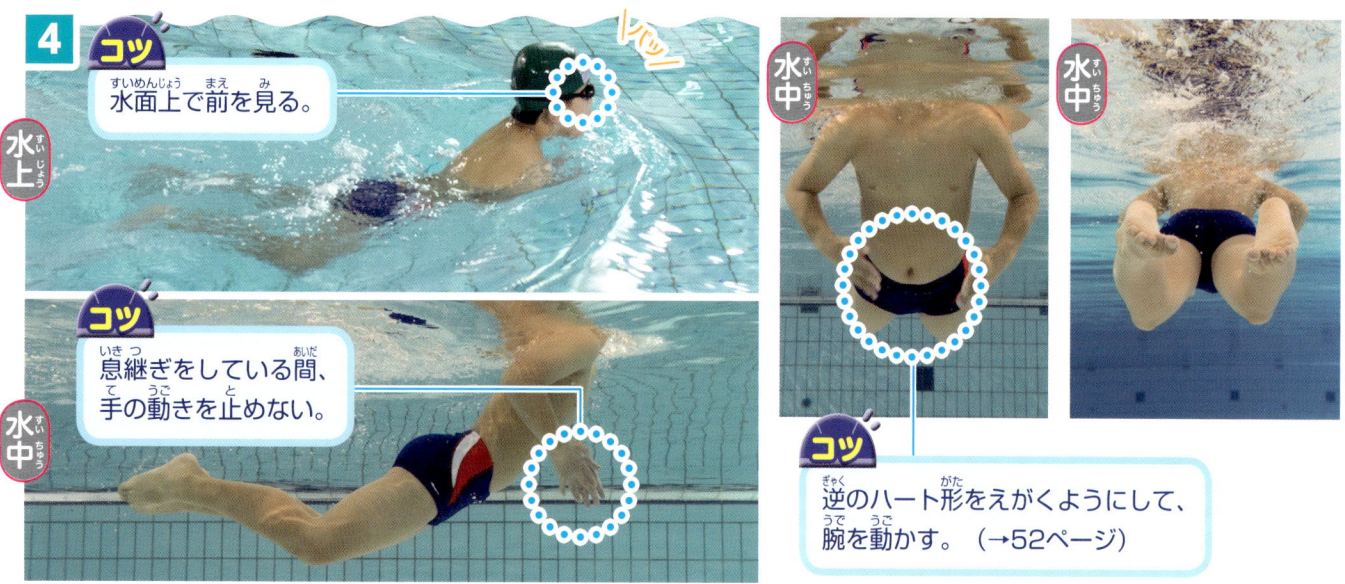

4

コツ 水面上で前を見る。

コツ 息継ぎをしている間、手の動きを止めない。

コツ 逆のハート形をえがくようにして、腕を動かす。（→52ページ）

❹胸のあたりに両手がきたと同時に、顔を上げて息継ぎをする。その後、すばやく足を引きつける。

5

コツ 足を引きつけすぎると抵抗が大きくなるので、点線より足を引きつけない。

コツ 引きつけた足の親指を外側に向け、足の裏を真上に向ける。（→46ページ）

❺両手を前にのばしながら、顔を水中にもどしていく。引きつけた足の裏で、水をおし出すようにしてけり始める。

❻ 横　水上　水中
前　水中
後ろ　水中

コツ 足の裏で細長い円をえがくようにして水をける。（→46ページ）

❻両腕を前にのばしながら、顔を水中にもどす。足の裏で水をしっかりとける。

❼ 水上　水中　水中　水中

コツ 「1、2」と数えている間、体をまっすぐにする。

1、2

コツ 真下を見る。

コツ つま先までしっかりとのばす。

❼腕を前にまっすぐのばし、ひざがのびたらすぐに両足をそろえ、けのびの状態になる。

水泳QアンドA　日本人女性で初めて金メダルを取った人はだれ？

　最近のオリンピックでは、日本人女性も多くの金メダルを獲得しています。では、みなさんは日本人女性初の金メダリストを知っていますか。

　それは、1936年、ベルリン五輪の200メートル平泳ぎで優勝した前畑秀子選手です。前畑選手は、1932年ロサンゼルス五輪の同種目で銀メダルをとりましたが、優勝者との差はわずか0.1秒でした。引退も考えたそうですが、周囲の期待が高く、ベルリンでの金メダルを目指しました。1日に20キロメートルも泳ぐ猛練習をくり返したことは有名です。

　また、当時は今のように室内プールはなかったので、冬には氷の張ったプールで、それを割りながら練習したそうです。そんな厳しい練習を乗りこえての金メダル。ベルリンからラジオでレースを伝えたアナウンサーの「前畑ガンバレ」の連呼は、日本中を興奮させ、レコードにもなりました。前畑選手の活躍は、いろいろな本で読めますし、映像でも見ることができます。ぜひ一度くわしく調べてみてはどうでしょうか。

第4章 平泳ぎ

レベルアップ

　今まで練習してきたクロールや平泳ぎなどの近代四泳法（→60ページ）の形は、競泳のルールが国際的に定まるまで、あまり決まった形はなく、世界中でいろいろな泳ぎ方がされていたようです。
　たとえば、バタフライは、平泳ぎで大きく水をかいた腕を、水中でもどすとたいへんだと思った人が、両腕を水から出して、前にもどすやり方を考え出したところから生まれた泳ぎ方です。バタフライは、水から腕を出して大きく動かすので、体力をたくさん使いますが、その分、平泳ぎより、速く泳ぐことができます。
　ここでは、今まで練習してきた動きを組み合わせた泳ぎ方を紹介しています。
　なれてきたら、みなさんも、オリジナルの泳ぎ方を考えてみましょう。

クロールの腕と平泳ぎの足で泳ぐ

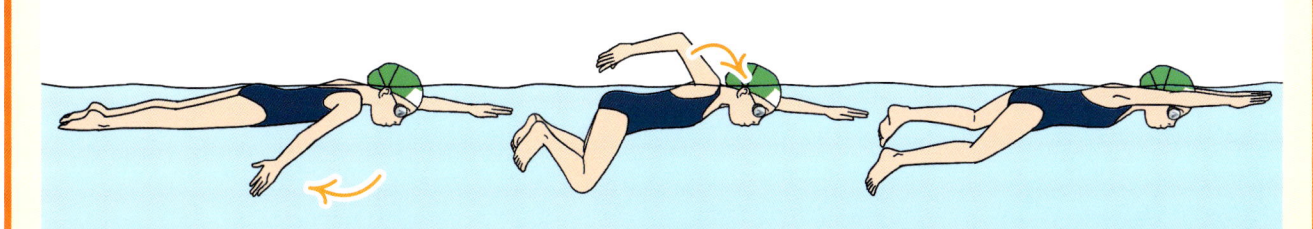

❶片方の腕をのばし、もう一方の腕でクロールをするように、水をかき分けていく。

❷水から出た腕を前にもどしながら、平泳ぎをするように、かかとをおしりに引きつけ、足の裏で水をける。

❸水をけって、ひざをのばす。それと同時に、腕を水中にもどす。

平泳ぎの腕とドルフィンキックで泳ぐ

❶ドルフィンキックで水を1回ける間に、顔を前に向けて、両腕で水を胸にかかえるようにして、わきをしめる。

❷ドルフィンキックで水をけり下ろしたとき、平泳ぎのように、顔を上げて息継ぎをする。

❸足を水面に近づけると同時に、顔を水中にもどして、両腕を前にまっすぐのばす。

オリンピックで競われている4つの泳ぎ方

● クロールや平泳ぎ以外の泳ぎ方

クロールや平泳ぎのほかに、オリンピックで行われる競泳の種目には、「背泳ぎ」と「バタフライ」があります。

背泳ぎは、背面キック（→26ページ）をしながら、腕を左右交互に水をかく、クロールを裏返したような泳ぎ方です。

バタフライは、ドルフィンキック（→27ページ）をして、両腕で同時に大きく回しながら水をかいて進む泳ぎ方です。クロール、平泳ぎ、背泳ぎ、バタフライの4つを合わせて、「近代四泳法」といいます。

また、決められたきょりをバタフライ、背泳ぎ、平泳ぎ、自由形（主にクロールが多い）の順番で泳ぎ、その順位を競う「個人メドレー」という種目もあります。

● 四泳法で最も速い泳ぎ方

四泳法の中で、いちばん速い泳ぎ方は、クロールです。クロールは水の抵抗を受けにくいので、スピードを出すことができるのです。

逆に、平泳ぎは四泳法の中で、いちばんおそい泳ぎ方です。ただ、息継ぎをしやすいので、長く泳ぐのには適しています。

四泳法の特徴をくらべてみましょう。

4つの泳ぎ方とそれぞれの特徴

クロール 
四泳法の中でいちばん速い泳ぎ方。スピードの変化が少ないので、楽に進むことができる。

平泳ぎ 
四泳法の中でいちばんスピードがおそい泳ぎ方。息継ぎをしやすいので、長い時間泳ぐことができる。

背泳ぎ 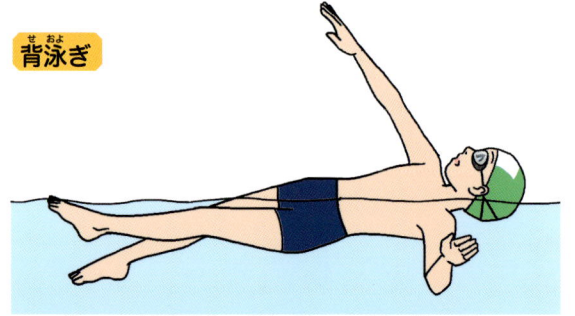
あお向けで左右交互に腕を回して進む泳ぎ方。つねに顔が水中から出ているので、呼吸が楽。

バタフライ 
四泳法の中で、クロールの次に速い泳ぎ方。とてもダイナミックな動きのため、体力が必要。

毎日やろう！ 水泳がうまくなるための ストレッチ

筋肉をほぐして、体をやわらかくする運動を、ストレッチといいます。筋肉が固まっていると、しなやかにばた足ができないなど、うまく泳げません。
また、泳いだ後にストレッチをしないと、筋肉につかれがたまり、けがをするおそれがあります。
ストレッチをするときは、いたくないはんいで、気持ちよくのばすことが大切です。
毎日ストレッチをして、体をやわらかくしておきましょう。

手首のストレッチ

■ 筋肉がのびている部分

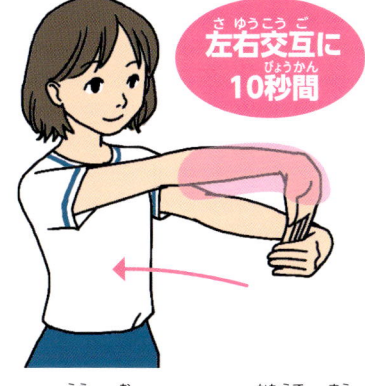

左右交互に10秒間
手のひらを上に向けたまま、片腕を前にのばす。のばした腕の指先を下に向けて、もう一方の手で、指先を持って内側に向けて引っぱる。

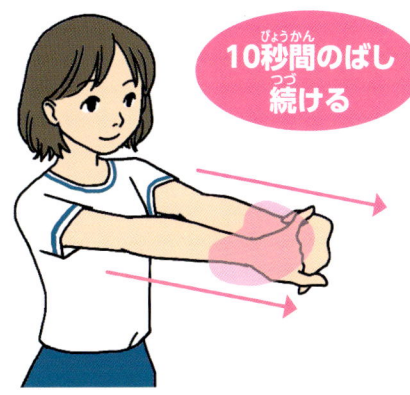

10秒間のばし続ける
手の甲が手前を向くようにして、両手を胸の前に組む。組んだらそのまま、まっすぐ前にのばす。

10秒間のばし続ける
両手を胸の前で合わせる。手のひらを合わせたまま、できるだけ、はなれないように、おへその位置まで手を下ろしていく。

足首のストレッチ

クロールの足首

10秒間ひざを上げる

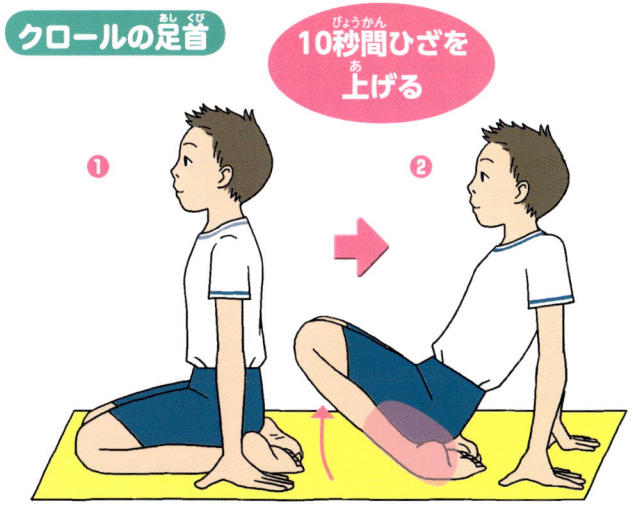

❶正座して、両手を横につけて体を支える。❷手を後ろにずらして、体を支えたまま、ひざを上げる。

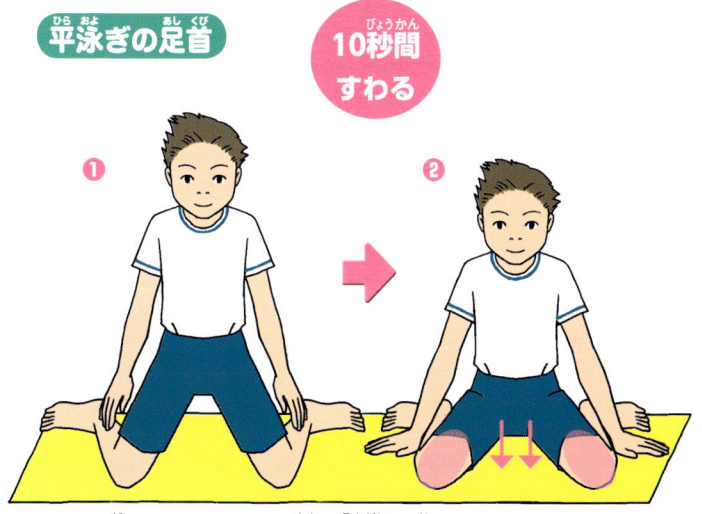

平泳ぎの足首

10秒間すわる

❶ひざ立ちになり、つま先を外側に向ける。❷いたくないはんいで、おしりをゆかに近づける。

肩のストレッチ

片方の腕をまっすぐ上げて、背中をさわるようにひじを曲げる。もう一方の腕で頭の後ろにあるひじをおさえ、下に向けて軽くおしていく。

手のひらを手前に向け、肩の高さにして腕を真横にまっすぐのばす。もう一方の手で、のばした腕のひじをつかみ、横に引く。

手の甲を外に向けて、両手を後ろで組む。腕をのばしたら、いたくないはんいで、ゆっくりと上げていく。

足を肩幅ぐらいに開いて、壁を正面にしてまっすぐ立つ。両手を壁につけたら、両腕をのばしたまま、体を前に倒す。

❶両ひざを立てた状態から、上体を前に倒して、両手をゆかにつける。❷ひざをついたまま、いたくないはんいで、おしりをおとして、ゆっくりと正座の状態になる。

体側のストレッチ

足を肩幅ぐらいに開いて、壁を横にしてまっすぐ立つ。体を横に曲げ、壁に両手をつけて、体側をゆっくりのばす。

おしり、腰、太もものストレッチ

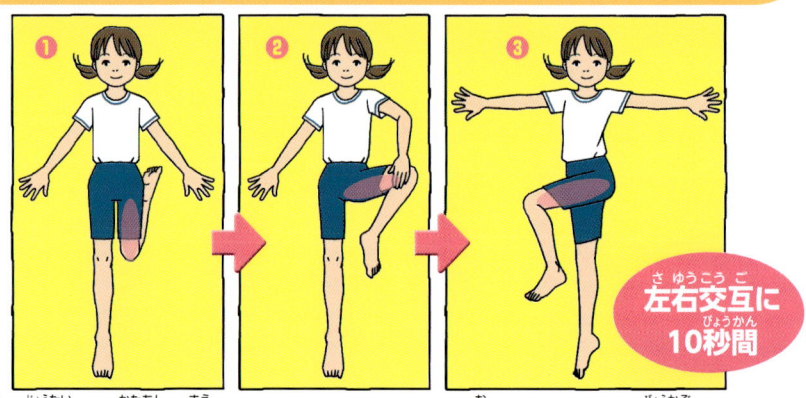

❶正座の状態から片足を前にのばしてすわり、あお向けにねて、10秒数える。❷曲げていたひざの外側が、ゆかにつくように手で10秒間おさえる。❸両肩をゆかにつけたまま腰をひねり、ひざの内側をゆかに10秒間つける。

さくいん（五十音順）

あ

息継ぎ……………… 23、36、38、39、40、
41、42、43、44、49、
50、51、52、53、54、
55、56、57、59、60
おにごっこ………………………………… 11
オリンピック…………………………… 58、60

か

逆のハート形………………… 50、51、52、57
競泳…………………………… 20、46、60
近代四泳法…………………… 49、59、60
クロール……………… 23、30、31、32、35、
36、38、42、44、49、
59、60、61
けのび……………… 22、23、27、31、36、
40、41、42、53、54、
55、56、58
コース……………………………………… 20
コースライン……………………………… 20
コースロープ……………………………… 20
個人メドレー……………………………… 60

さ

シャワー………………………………… 8、15
重心………………………………………… 28
準備運動………………………………… 8、9
水圧……………………………………… 15、34
水中で数を数える………………………… 19
水中で逆立ちをする……………………… 19
スイミングキャップ……………………… 8
スイミングゴーグル……………………… 8
スタート台………………………………… 20

ストレッチ…………………… 9、31、61、62
背浮き……………………… 22、23、26、27、28
背泳ぎ………………………… 20、49、60
背泳ぎ用標識……………………………… 20

た

タッチ板…………………………………… 20
ダルマ浮き………………… 16、17、22、28、55
電車ごっこ………………………………… 11
ドルフィンキック………………… 27、59、60

は

背面キック……………………… 26、27、60
ばた足……………………… 24、25、26、27、30、
31、32、35、36、37、
40、41、42、43、47、
49、61
バタフライ…………………… 49、53、59、60
ビート板……………………… 25、26、28、31、35、
41、47、49、53、55
平泳ぎ……………………… 46、47、49、50、53、
54、56、58、59、60、
61
伏し浮き…………………………………… 17
浮心………………………………………… 28

ま

面かぶりクロール………………………… 36、38

よ

四泳法→近代四泳法

63

●監修者紹介

後藤　真二(ごとう　しんじ)

スポーツクラブNAS株式会社／スポーツ健康医科学研究室室長。教育学博士、健康運動指導士、日本水泳連盟競技力向上コーチ、水中運動指導士。現役時代は国体、インターハイ、インカレなどに出場。筑波大学水泳部、群馬大学水泳部でトップ選手を指導。幼児から高齢者、また泳げない人から日本水泳連盟A級地域指導員まで、さまざまな技術レベルの人々に水泳を指導。著書に、日本水泳連盟編『水泳指導教本』(共著・大修館書店)、『アクアスポーツ科学』(共著・科学新聞社)などがある。

●協力

スポーツクラブNAS株式会社

1972年設立。指導理念「体感を通じて心をはぐくむ」を基本とし、「楽しく元気に」「みんな仲良く」「礼儀正しく」「きちんと習得」の4つの約束を大切に、子どもの成長過程に合わせて、ていねいな指導を行っている。泳法だけでなく、着衣泳などの「安全水泳」を組みこみ、独自のカリキュラムを提供する。水泳のほか、テニス・ダンス・体操・チアリーディング・空手などさまざまなプログラムを提供し、全国43か所に展開(2013年現在)。

- ●モデル／後藤雷汰　田部桜子
- ●装丁・本文デザイン／有限会社ダイアートプランニング(横山恵子、坂口博美)
- ●撮影／シーピックスジャパン株式会社(広瀬 睦、澤田拓也)
- ●イラスト／赤澤英子　松本奈緒美
- ●編集制作／株式会社童夢

キミにもできる！
水泳のコツ大研究
水中遊びからクロール、平泳ぎまで

2013年6月19日　第1版第1刷発行

監　修	後藤真二
発行者	小林成彦
発行所	株式会社PHP研究所

　　　　東京本部　〒102-8331　千代田区一番町21
　　　　　　　　　児童書出版部　☎03-3239-6255（編集）
　　　　　　　　　普及一部　　　☎03-3239-6233（販売）
　　　　京都本部　〒601-8411　京都市南区西九条北ノ内町11
　　　　PHP INTERFACE http://www.php.co.jp/

印刷所	凸版印刷株式会社
製本所	株式会社大進堂

©PHP Institute,Inc. 2013 Printed in Japan
落丁・乱丁本の場合は弊社制作管理部（☎03-3239-6226）へご連絡ください。送料弊社負担にてお取り替えいたします。
ISBN 978-4-569-78324-6
63P　29cm　NDC785